SALON 1844

COLLECTION DES

PRINCIPAUX OUVRAGES EXPOSÉS AU LOUVRE

Reproduits par les Artistes eux-mêmes

OU SOUS LEUR DIRECTION

PAR MM. ALOPHE, BARON, CHALLAMEL, CÉLESTIN DESHAYS,
FRANÇAIS, LAURENS, AUG. LEMOINE, MARVILLE,
MARVY, MOZIN, ETC., ETC.

PUBLIÉ PAR M. CHALLAMEL.

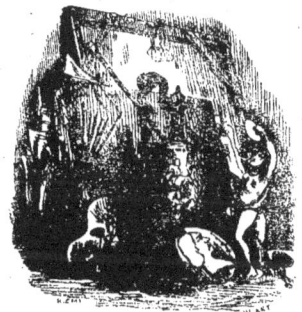

PARIS
CHALLAMEL, ÉDITEUR, 4, RUE DE L'ABBAYE (au premier).
Chez tous les libraires et marchands d'estampes de la France et de l'Étranger.

1844

ALBUM
DU
SALON DE 1844.

OUVRAGES PUBLIÉS PAR CHALLAMEL.

ALBUM DU SALON DE 1843. Collection des principaux ouvrages exposés au Louvre, reproduits par les premiers artistes, texte par M. Wilhelm Ténint. Papier blanc..... 24 f.
Papier de Chine. 32
ALBUM DU SALON DE 1842. Collection de dessins. Texte par le même. Mêmes prix.......
ALBUM DU SALON DE 1841. » » Mêmes prix.......
ALBUM DU SALON DE 1840. » Texte par Augustin Challamel. Mêmes prix.......
LE PORTEFUILLE DU COMTE DE FORBIN, contenant ses tableaux, dessins et esquisses les plus remarquables, avec un texte par M. le comte de Marcellus, beau vol. in-4°. Papier blanc..... 30
Papier de Chine. 40
PEINTRES PRIMITIFS. Collection de tableaux rapportée d'Italie par M. le chevalier Artaud de Montor, de l'Institut; reproduite sous la direction de M. Challamel. (Cet ouvrage contient plus de 100 sujets en 60 planches.) Papier blanc..... 60
Papier de Chine. 75
ALBUM COSMOPOLITE (2me édition) in-4°. Choix des collections de M. A. Vattemare, d'après les dessins des principaux artistes de l'Europe. (Cet album, dédié aux artistes de tous les pays, se compose de plus de deux cents sujets historiques, religieux, paysages, marines, etc.) 2 vol. in-4°. Papier blanc..... 60
Papier de Chine. 75
HISTOIRE-MUSÉE DE LA RÉPUBLIQUE FRANÇAISE, avec estampes, costumes, caricatures, portraits et autographes du temps. 2 vol. grand in-8°, par M. Augustin Challamel. (Cent scènes historiques ou de mœurs, caricatures; 60 fac-simile d'autographes imprimés à part, et 280 vignettes sur bois imprimées dans le texte. Prix.............. 25
EUSTACHE LESUEUR, sa vie et ses œuvres, par M. L. Vitet, de l'Institut, dessins par M. Gsell. (Tous les tableaux du Louvre : La vie de saint Bruno, l'Histoire de l'Amour; tableaux de galeries particulières, dessins de thèses, compositions inédites, etc.) 60 planches, 2 beaux volumes in-4°. Papier blanc..... 60
Papier de Chine. 75
EXPOSITION DE L'INDUSTRIE FRANÇAISE DE 1844, publiée par M. Challamel, texte par M. Jules Burat, ingénieur civil, ancien élève de l'École polytechnique. Cet ouvrage, qui est très-recherché, est très-complet. 2 forts volumes in-4°, plus de 80 belles planches et 500 vignettes dans le texte. Papier blanc..... 50
Papier de Chine. 75

Paris. — Imprimerie de Ducessois, 55, quai des Augustins.

ALBUM
DU
SALON DE 1844

COLLECTION

DES PRINCIPAUX OUVRAGES EXPOSÉS AU LOUVRE

REPRODUITS

PAR LES PEINTRES EUX-MÊMES
OU SOUS LEUR DIRECTION

PAR

MM. ALOPHE, H. BARON, CHALLAMEL, CORNUEL, DAUZATS, CÉLESTIN DESHAYS,
FRANÇAIS, THÉODORE FRÈRE, LAURENS, AUG. LEMOINE, MARVILLE,
MARVY, MOZIN, ETC.

AVEC TEXTE.

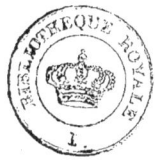

PUBLIÉ PAR CHALLAMEL.

PARIS
CHALLAMEL, ÉDITEUR 4, RUE DE L'ABBAYE,
FAUBOURG SAINT-GERMAIN.
1844

SALON DE 1844

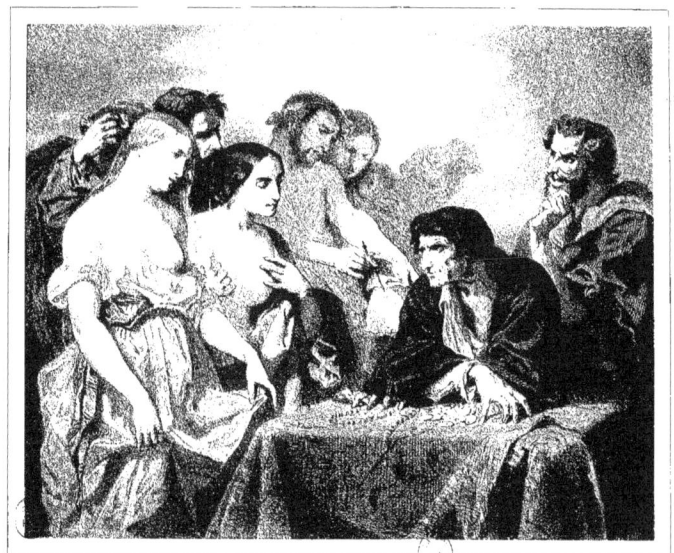

L'Amour de l'Or.

INTRODUCTION AU SALON DE 1844.

Plus l'art prend d'extension en France, plus la critique doit être digne et mesurée. C'est ce que nous comprenons, et le succès de notre publication apparaît comme une preuve victorieuse du principe qui jusqu'alors a présidé à nos travaux. En 1840, M. le baron Taylor écrivait en tête de nos *Albums sur les Expositions de peinture :* « Lorsque le Salon, chaque année, se ferme à la curiosité publique, que reste-t-il de tout le bruit que la critique a fait autour des œuvres qu'il renferme? rien. Pas un conseil pour ceux qui se sont égarés, pas un encouragement pour ceux qui laissent espérer de leurs essais un avenir brillant, si le talent, quoique jeune et inexpérimenté, était fécondé par d'utiles remontrances. L'art n'y a rien gagné, et le public n'a pas été mieux instruit que les artistes de la valeur réelle des œuvres qu'il a vues. »

Notre publication a atteint ce but complexe. Quelques peintres haut placés ont reçu de nous, dans l'occasion, des conseils qu'ils n'ont pas dédaigné de suivre; nous avons adressé à quelques nouveaux venus dans la carrière « d'utiles remontrances », et, en même temps, nous leur avons tendu la main, nous avons concouru à leurs succès.

Cette année, comme les années précédentes, nous rechercherons les productions des talents jeunes ou anciens, sans rivalité d'écoles, sans système exclusif. C'est la meilleure, c'est la seule route à suivre.

Depuis 1840, on peut dire qu'une génération nouvelle de jeunes peintres s'est élevée. Combien de noms, presque inconnus alors, sont maintenant répétés par la foule! Combien d'œuvres remarquables ont paru dans nos musées!

Jamais nous n'avons manqué de reproduire ces dernières, quand la reproduction en était possible, c'est-à-dire quand les œuvres ne devaient rien perdre à être réduites aux simples proportions d'une gravure ou d'une lithographie. Certains grands tableaux exigent souvent une reproduction d'un plus grand format que celui d'un album, et voilà ce qui nous a fait préférer quelquefois des toiles moins importantes en apparence, mais dont la reproduction pouvait être très-exacte.

Aujourd'hui, notre collection des salons qui se sont succédé depuis 1840 forme un des plus importants chapitres de l'art au dix-neuvième siècle. Notre persévérance a été grande, mais les encouragements ne nous ont pas manqué.

Les portes du musée viennent de s'ouvrir; l'exposition est riche ; de célèbres peintres s'y sont donné rendez-vous ; quelques jeunes talents ont grandi.

Les tableaux de sujets historiques sont en assez grande quantité cette année.

La peinture de genre marche de progrès en progrès ; jamais on n'a vu, au Salon, de plus charmants sujets, traités avec plus de supériorité.

Mais, avant tout, les paysagistes l'emportent, et par leur mérite, et par leur nombre. Les études de la nature, les compositions de paysages, les vues de sites pittoresques, abondent. Faut-il s'en plaindre, lorsque d'heureux résultats couronnent les efforts des paysagistes, lorsque ces artistes, par vingt façons différentes, arrivent, pour ainsi dire, à la perfection?

Quant aux marines, leur nombre a diminué.

Les portraits affluent ; il y en a de très-remarquables.

Somme toute, on ne pourrait pas dire que l'exposition est inférieure à celles des années précédentes, car le nombre des bons tableaux est vraiment considérable.

SALON DE 1844.
Marilhat.

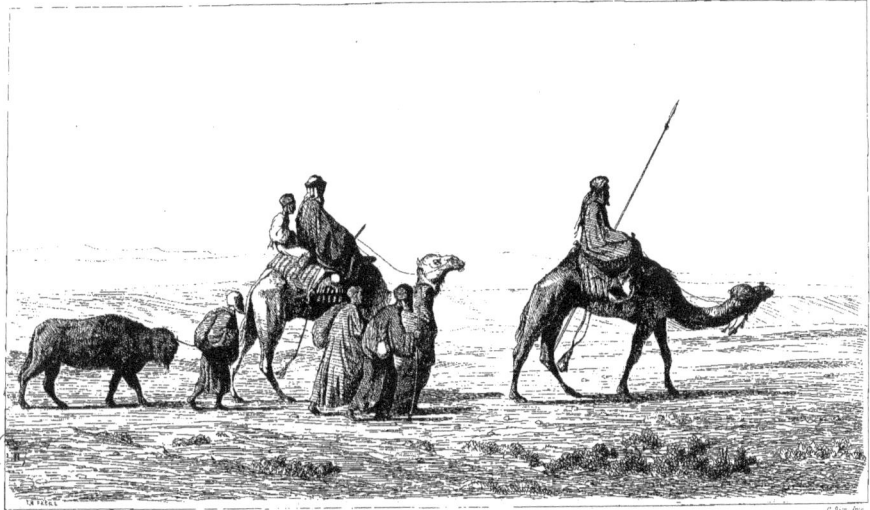

Arabes syriens en voyage.

SALON DE 1844.

Horace Vernet, Marilhat, Tony Johannot, Dauzats, Isabey, Couderc, Corot, Gigoux.

Il faut donner à M. Horace Vernet le titre de peintre français par excellence, d'artiste national, car son pinceau se prête à tous les genres : il est multiple comme le génie français. Une bataille importante est-elle remportée par nos armées, M. Horace Vernet en est l'historien fidèle ; de ses voyages, il nous rapporte toujours quelques toiles habilement peintes ; enfin, dans nos annales, plus d'un épisode lui a fourni le sujet d'excellents tableaux.

Cette année, nous avons de lui le *portrait en pied de M. le baron Pasquier* ; *Un traîneau russe* et *Un voyage dans le désert*.

Le *portrait de M. le baron Pasquier* est une œuvre capitale. Le noble chancelier, revêtu de son costume officiel, dépouille le scrutin. Dire que la ressemblance est parfaite ne suffirait pas, et le talent de M. Horace Vernet va plus loin. Jamais physionomie n'a été rendue avec plus de naturel ; la pose a de la dignité, mais de la dignité simple et sans apprêt. Quant aux accessoires, aux draperies, aux étoffes, on reconnaît toute l'habileté du maître.

Un traîneau russe est une jolie composition, bien petite, mais pleine de gracieux et piquants détails. Celui qui se fait conduire en traîneau, saisi sans doute par le froid, baisse la tête et se cache la figure sous son manteau ; le cocher, au contraire, que n'épouvantent pas les frimas, marche tête au vent, et se donne assez de mouvement pour pouvoir braver sans peine l'hiver dans toute sa rigueur.

Le *Voyage dans le désert* est certes plus pénible à faire que la *Course en traîneau*. Comment se garantir de la chaleur? Comment s'approvisionner suffisamment pour toute la durée de la route? M. Horace Vernet a accompli ces deux voyages avec une réussite égale et complète, — en peinture s'entend.

— Quelle étendue de pays s'offre à nos regards! continuons nos recherches sans abandonner M. Marilhat ; suivons-le, en partant de l'Auvergne, jusque sur les bords du Nil et dans la Syrie. Un admirable panorama se déroulera devant nos yeux : *Une vue prise en Auvergne* et les *Souvenirs des environs de Thiers*, présentent deux effets différents qui rappellent les chefs-d'œuvre de Ruysdael : dans le premier tableau, l'orage avec ses fureurs ; dans le second, la paisible journée d'automne. Le *Souvenir des bords du Nil* a toutes les merveilleuses beautés que l'on remarque dans les paysages de M. Marilhat ; la forme, la couleur, la lumière. Un *Village près de Rosette* a moins de charme peut-être, soit que l'inspiration ait failli au peintre, soit que la nature ait ici plus de monotonie ; le paysage est d'un vert bien foncé sur le premier plan ; une atmosphère brumeuse le couvre en entier : en revanche, les palmiers sont peints avec habileté, et l'aspect du village ravit les yeux. — Les *Arabes Syriens en voyage* sont un admirable tableau. On s'intéresse à la petite caravane, et l'on voudrait s'attacher aux pas de ses indolents arabes, commodément assis sur leurs chameaux, emmenant avec eux leur famille et leurs meubles. — Une *Ville d'Egypte au crépuscule* semble avoir été daguerréotypée, tant il y a d'exactitude dans le mirage, et cependant tout l'effet de ce paysage est harmonieux. N'est-ce pas bien là le silence suprême du crépuscule ? l'horizon a de l'immensité dans cette petite toile, et l'esprit peut rêver à son aise devant cette magnifique représentation de la nature. — Le *Café sur une route de Syrie* se fait remarquer surtout par la lumière : ce tableau est d'un bel effet. Enfin, la *Vue prise à Tripoli* couronne l'œuvre de M. Marilhat, pour qui le Salon de cette année est un triomphe.

— M. Tony Johannot, lui aussi, a une riche exposition ; ses tableaux sont petits, mais nombreux, et ses *Sujets tirés de l'Evangile*, ses *Sujets tirés de l'Imitation de Jésus-Christ*, sont comme un musée à part dans le Musée. Nous ne connaissions jusqu'alors que les gravures de ces compositions religieuses, qui sont empreintes du bon goût et du charme des ouvrages de ce peintre. Les deux séries de tableaux exposés par M. Tony Johannot appartiennent à M. le duc de Montpensier, ainsi que le sujet tiré d'*André*, de George Sand. Cette dernière toile est un chef-d'œuvre de grâce et de sentiment. Les deux personnages de George Sand sont ici fidèlement et poétiquement traduits. Les fleurs éparpillées dans la jolie chambre de Geneviève ; le soleil pénétrant par la croisée ; tout dans ce tableau est lumineux, frais et délicat.

— Le peintre de l'Algérie, c'est M. Dauzats ; nul, mieux que lui, ne sait reproduire les scènes arabes, et tracer l'itinéraire de nos armées en pays conquis. Sous le numéro 461, M. Dauzats a mis en action un bulletin du moniteur. *Le lieutenant-général Galbois, commandant la province de Constantine, reçoit la soumission d'El-Mokrany, kalifat de la Medjanah*. Ce tableau se fait remarquer par le mouvement général et par la composition. Dans une multitude d'Arabes, occupant le premier plan, se mêlent, çà et là, quelques soldats français ; au fond, les montagnes sont d'une belle couleur. Les tentes contribuent encore à donner de la vie au tableau, qui est excellent d'exécution et d'effet.

Dans la *Grande mosquée d'Alger*, M. Dauzats n'a fait que copier la nature, avec

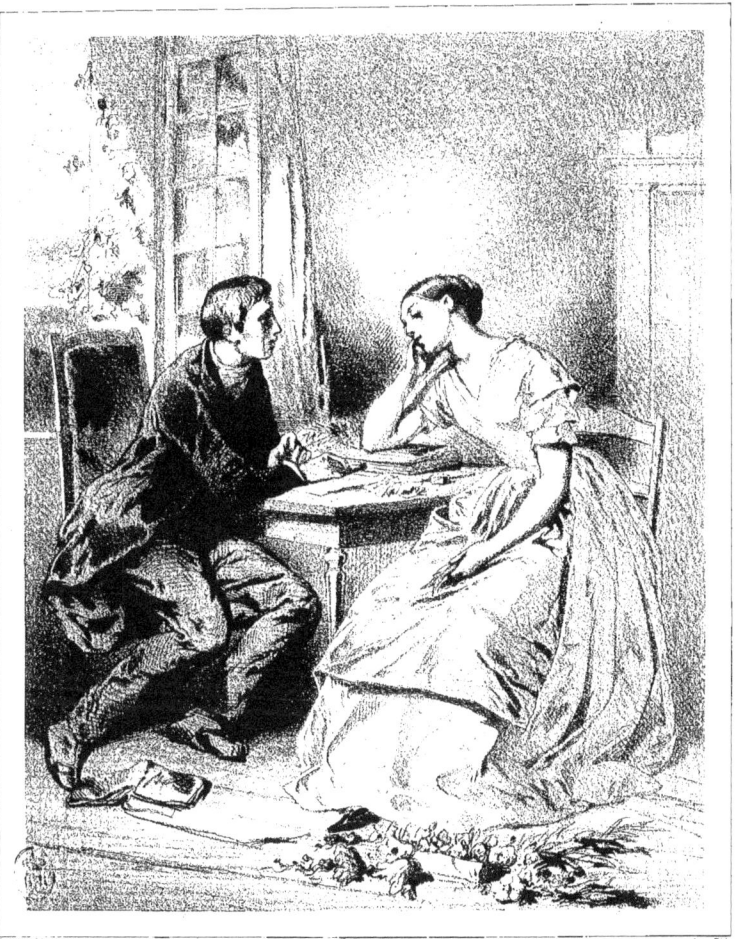

Sujet tiré d'André, de George Sand.

cette poésie qui est le partage de bien peu de peintres, et dont il est largement pourvu ; M. Dauzats a reproduit ce qu'il a vu, et nous ne serions pas en mesure de lui prouver qu'il a eu tort, car c'est d'un effet magique et imposant. Les deux tableaux, exposés cette année par M. Dauzats, ajoutent encore à sa réputation.

— Si M. Dauzats est du nombre des historiens-peintres contemporains, M. Couderc est du nombre des historiens-peintres de la révolution. On se souvient de ses états-généraux de 89 ; nous voici reportés maintenant à un an plus tard, à la *fédération des gardes nationales et de l'armée à Paris*, événement unique dans nos fastes, cérémonie imposante dans laquelle la France entière jura à la face du ciel de maintenir la Constitution décrétée par l'assemblée nationale et acceptée par le roi. Quelque immense que soit un tableau, il est impossible qu'il puisse rendre parfaitement un pareil sujet ; cependant l'œuvre de M. Couderc, comme exécution surtout, est remarquable ; mais, pour un sujet de cette importance, cela ne suffit pas. Qui reconnaîtrait dans cette toile la manière habituelle de M. Couderc ? Il semble que plusieurs peintres aient travaillé avec lui, et que chacun d'eux, pour peindre un groupe, ait copié les dessins de Duplessis-Bertaut. Somme toute, la *Fédération* tiendra une belle place dans le Musée de Versailles, car c'est une œuvre de talent, et qui emprunte une grande importance à la magnificence du sujet qu'elle rappelle. Il est fâcheux que M. Couderc ait donné plus d'action aux spectateurs qu'aux groupes qui forment les parties agissantes de la cérémonie. Ce tableau ressemble à une revue mal ordonnée.

— Le roi a commandé à M. Isabey un tableau qui rappellera la visite de la reine Victoria à Eu. *La reine Victoria reçoit le roi Louis-Philippe à bord de son yacht royal, en rade du Tréport, le 2 septembre 1843, à cinq heures trois quarts du soir.* Tel est le sujet de la marine de M. Eugène Isabey. Ce tableau était d'une difficulté immense : il fallait retracer une scène dont les personnages seuls offraient de l'intérêt, et dans laquelle il n'y avait pas possibilité cependant de donner de l'importance aux figures. Aussi M. Eugène Isabey s'est appliqué à produire un effet d'ensemble, et à donner le spectacle d'une flottille pavoisée, quand les marins sont en fête, et quand le canon de réjouissance se fait entendre. On reconnaît toujours l'habile et intelligent pinceau de M. Isabey ; et, malgré des imperfections de détails, qui nuisent à l'aspect de ce tableau, c'est une des toiles les plus remarquées du Salon.

— Vous savez que le jury fut toujours trop rigide à l'égard de M. Corot ; cette année il a admis la *Destruction de Sodôme*. Ce tableau est une terrible et sévère composition, où se trouvent réunis toutes les qualités et tous les défauts qui caractérisent le talent réel de M. Corot. L'exécution surtout fait défaut à l'artiste, et ses belles pensées restent pour ainsi dire expliquées à demi. Si M. Corot pouvait peindre absolument comme il comprend ses sujets, chacun de ses tableaux aurait une valeur inestimable. — La *Vue de la campagne de Rome* et *son paysage avec figures* sont moins importants que la *Destruction de Sodôme*, sous le rapport de la composition, mais l'exécution en est plus heureuse. Rien de mieux disposé, de plus lumineux et de plus calme que le *Paysage avec figures*. Ce tableau est le meilleur et le plus justement admiré de tous les tableaux exposés cette année par M. Corot.

— Voici longtemps déjà que M. Gigoux est entré dans la carrière et que les critiques l'y ont suivi pour le louer avec enthousiasme ou le blâmer vertement; que diront-ils de son *Baptême de Clovis?* Nous craignons que les admirateurs de M. Gigoux ne soient réduits presque au silence, tant son tableau est au-dessous de ce qu'il peut faire. Jamais, par exemple, Saint-Rémi n'eût eu aussi peu de dignité pour adresser à Clovis ces magnifiques paroles rapportées par Grégoire de Tours : « Courbe la tête, fier Sicambre, adore ce que tu as brisé, et brise ce que tu as adoré. » Le roi franc ne s'incline pas avec assez de naïveté devant le prélat qui le baptise, et ce n'est pas de la foule qui assiste à cette cérémonie. Le dessin a des qualités, dans le baptême de Clovis, nous nous plaisons à le reconnaître; mais la couleur est déplorable : pourquoi ces tons criards, ce mélange sans harmonie de rouge et de bleu?

ODIER, FRANCAIS, BARON, DEBAY, LARIVIÈRE, KARL GIRARDET, COTTRAU, CHASSÉRIAU, NORBLIN, ALBERT ROBERTI, BADIN, F. MARTERSTEIG, AUGUSTIN LONG.

M. Edouard Odier est revenu d'Italie rapportant des études sérieuses; et depuis, chacun de ses tableaux a toujours été remarqué à cause de la forme, du ton et du caractère. *Saint-François d'Assises prêchant et distribuant des aumônes* est une grande et remarquable toile, témoignant de belles qualités de couleur et de dessin. M. Odier a offert ce tableau à l'église Saint-Roch. — La *Messe pendant la moisson, dans la campagne de Rome*, a un double mérite, consistant dans l'exécution et dans la disposition du sujet, qui cependant ne comportait peut-être pas des figures grandes comme nature; heureusement de belles études de paysans romains, l'onction répandue sur l'officiant, et le ton harmonieux et chaud du tableau, en font une œuvre capitale. — L'*Epizootie*, tableau dans lequel les ombres sont un peu trop noires et font trous, renferme des parties excellentes qui assurent à M. Odier une réputation brillante et méritée.

— Sous ce titre : *Novembre, paysage,* M. Louis Français a exposé un tableau excellent, ou plutôt une ravissante étude. C'est bien la froide et brumeuse nature de l'automne; les arbres vont être entièrement dépouillés de leurs feuilles, et les bois ont une teinte dorée qui plaît encore aux yeux, et fait regretter les beaux jours de l'été. — *La vue prise aux environs de Paris*, à Bougival, brille surtout par les fonds. Le grand arbre sous lequel un couple est assis, a des ramures fort bien dessinées, le ton seulement manque de puissance, le plan de droite est une reproduction exacte de la nature. Cette œuvre de M. Français n'est pas aussi complétement réussie que son *Chemin dans la forêt de Fontainebleau* exposé en 1842, elle révèle cependant de nouvelles qualités chez ce peintre.

— Il faut réunir le nom de M. Baron au nom de M. Français, car ces deux artistes, dans des genres différents, peignent avec un goût exquis. Le goût est rare de nos

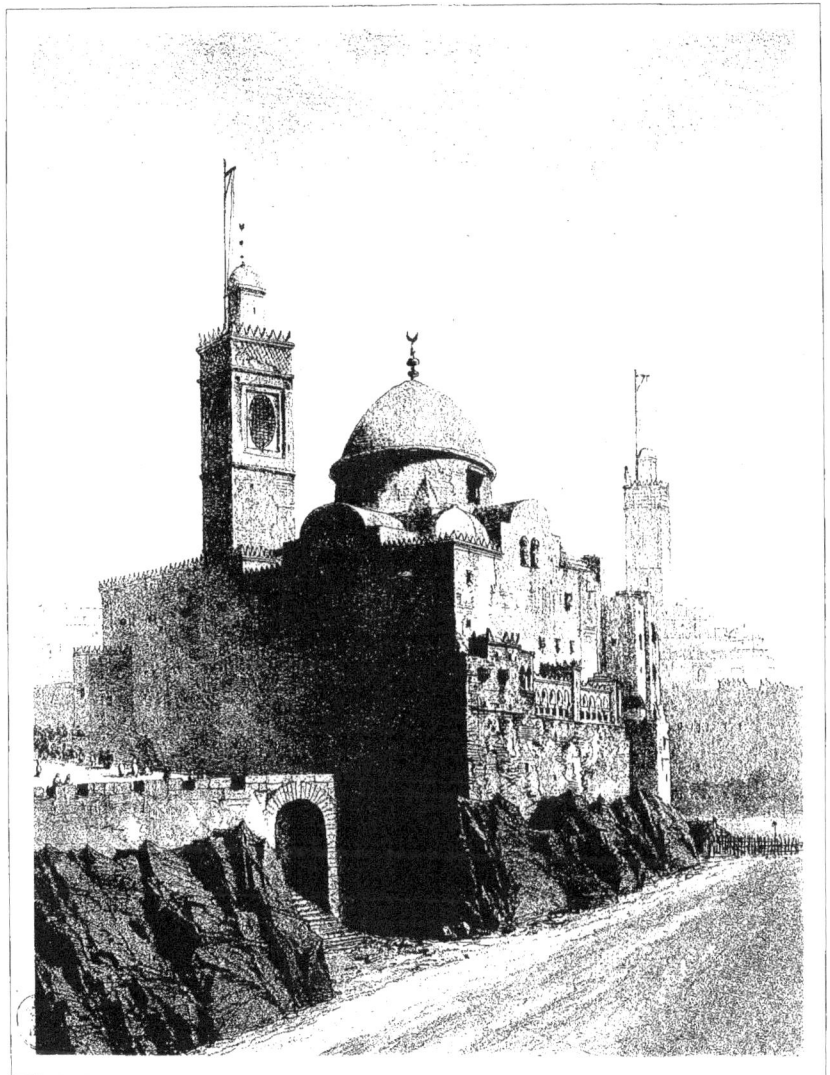

La Principale Mosquée d'Alger

jours dans les œuvres d'art, et nul plus que MM. Baron et Français n'a su en faire preuve. *Giorgione Barbarelli, faisant le portrait de Gaston de Foix, duc de Nemours*, tel est le sujet du tableau de M. Baron. Le maître du Titien est environné de galants seigneurs qui le regardent travailler. Il est impossible de faire un plus grand éloge du tableau de M. Baron, que de le déclarer mieux peint encore que les *Condottieri* de l'exposition dernière. Quant à l'expression des figures, à la pose des personnages, à l'ajustement des groupes épars dans le tableau, il n'y a rien à y reprendre. C'est toujours le même goût, le même charme que l'on remarque dans les œuvres de M. Baron. Dans ce tableau de petite dimension, il y a surabondance de détails et de coquetterie de ton.

— *La Bataille de Dreux*, par M. Auguste Debay, sans être fort belle, ne sera pas cependant une des moins regardées dans le musée de Versailles. Cet épisode des guerres de religion a l'avantage de rappeler à la fois une bataille et la fameuse nuit où le prince de Condé, fait prisonnier, partagea le lit du duc de Guise.

— *La Bataille d'Ascalon*, par M. Larivière, est sans contredit ce que ce peintre a le mieux réussi jusqu'à présent. « Les combattants s'étant successivement rapprochés, on en vint enfin à un engagement qui fut d'abord indécis, mais où les forces se trouvaient extrêmement inégales. Bientôt les nôtres, persévérant avec le plus grand courage, et tout remplis de la grâce céleste qui les rendait plus forts que de coutume, jetèrent le désordre dans les rangs des ennemis, et les mirent en fuite après en avoir tué un grand nombre. » Ainsi parle Guillaume de Tyr en son naïf langage. Il a bien inspiré M. Larivière qui a exposé aussi un bon portrait en pied du maréchal Drouet, comte d'Erlon.

— Autre sujet tiré des Croisades, et traité par M. Karl Girardet. *Gaucher de Châtillon défend seul l'entrée d'une rue dans le faubourg de Minich* (1250). Cette action héroïque d'un chevalier du moyen âge a fourni au peintre l'occasion d'un tableau fort habilement exécuté. Le mouvement de la composition est heureux. — La *Porte latérale de la Mosquée del Moyed*, au Caire, est un joli souvenir d'Orient. — M. Karl Girardet a peint aussi, en collaboration avec son frère, une *Famille égyptienne priant sur le tombeau d'un parent*. Ce dernier tableau est tout à fait charmant, plein de sentiment, de charme et d'harmonie.

— La *Conversion de Saint-Paul*, par M. Félix Cottrau, ne peut être placée au rang des bons tableaux : les défauts y sont trop apparents, et empêchent qu'on se préoccupe des qualités. Saint-Paul, qui « tombe par terre, » selon les paroles de l'Ecriture, est ici posé comme s'il avait été renversé. Nous pensons que M. Cottrau, qui a si bien réussi tant de charmants et délicieux tableaux de chevalet, a tort de ne vouloir plus s'en occuper. Peu de peintres ont mérité plus de réputation que lui dans ce genre. Pourquoi l'abandonner? — Le *portrait de madame Jenny Vertpré* est très-ressemblant; M. Cottrau a rendu avec bonheur les traits fins et délicats de sa spirituelle actrice.

— Peindre avec un parti pris, suivre l'instinct de la nature, c'est de nos jours se condamner volontairement à une lutte opiniâtre dans la carrière des arts. M. Chassériau ne recule pas devant les conséquences du système qu'il a adopté ; il a la conviction que les doctrines qu'il suit sont les meilleures. Nous respectons la conviction, si rare aujourd'hui chez nos artistes ; mais ici, elle rompt trop en visière avec certaines opinions généralement reconnues sur ce qu'on entend par le mot couleur. Dans *Jésus au jardin des Oliviers*, le Christ a de la noblesse, et, — n'était la robe noire que M. Chassériau lui fait porter, contrairement aux traditions, — il soutiendrait comparaison avec plusieurs tableaux des peintres français anciens. Les apôtres Pierre, Jacques et Jean sont-ils endormis ou frappés de la foudre? Le terrain sur lequel a marché Jésus-Christ s'élève trop perpendiculairement. *Jésus au jardin des Oliviers* est, malgré ses défauts, une œuvre hors ligne.

— C'est une rude tâche que de s'appesantir sur les principaux tableaux religieux d'une exposition ; le nombre en est si grand que les visiteurs les regardent presque avec dédain, sans vouloir établir de distinctions. Nous qui y mettons de la conscience, partout où le talent se fait remarquer, nous nous empressons de le saisir. Le *Saint-Paul à Athènes* de M. Norblin est sage, beaucoup trop sage. M. Norblin devrait oser un peu. Il y a d'assez belles parties dans ce tableau pour que nous désirions de les voir mises en lumières avec plus de verve et de confiance.

— *Maximilien I relevant l'ordre de la Toison-d'or*, par M. Albert-Roberti, mérite d'être distingué parmi les autres tableaux historiques. L'archiduc prête serment en qualité de chef souverain de cet ordre dans l'église de Saint-Sauveur, à Bruges. Cet épisode historique est bien interprété ; mais Maximilien I n'a pas la démarche qui convient à un personnage tel que lui. Quant aux chevaliers, leur groupe est disposé avec habileté. La couleur harmonieuse manque à M. Albert-Roberti.

— M. Badin a peint un *Saint-Germain, évêque d'Auxerre*, où se remarquent de grandes qualités ; la tête du saint prélat a beaucoup de noblesse, et les autres personnages sont bien dessinés. Ce tableau, dont les lignes sont calculées pour une autre perspective, gagnerait à être vu de plus près : il faut espérer que, dans le nouvel arrangement qui aura lieu vers le second mois de l'exposition, M. Badin sera mieux traité par l'administration du Musée.

— La guerre de trente ans a été terrible et fertile en épisodes ; le siége de *Vieux-Brissac*, commandé par le duc de Saxe Weimar en personne, est célèbre dans les fastes de l'Allemagne. M. *Martersteig* a peint l'*Entrée du duc de Saxe-Weimar à Vieux-Brissac*. Son tableau, que nous avons vu avec plaisir, a de fort bonnes parties traitées avec goût et sentiment ; mais on lit trop tous les détails dans cette toile, et cela nuit beaucoup à l'ensemble. M. *Martersteig* a besoin d'étudier pour arriver à une exécution plus large, telle que l'exige une toile aussi considérable que celle qu'il a exposée.

— Un portrait de M. Jules Lefèvre, poëte distingué, fait honneur au talent de M. Augustin Long, que son tableau *La charité de Saint-Exupère* recommande d'ailleurs. La couleur de M. Augustin Long a de la sagesse et de l'éclat en même temps ; son dessin, un peu indécis, pourrait avoir plus de vigueur. Il y a de de l'avenir dans ce peintre.

SALON DE 1844

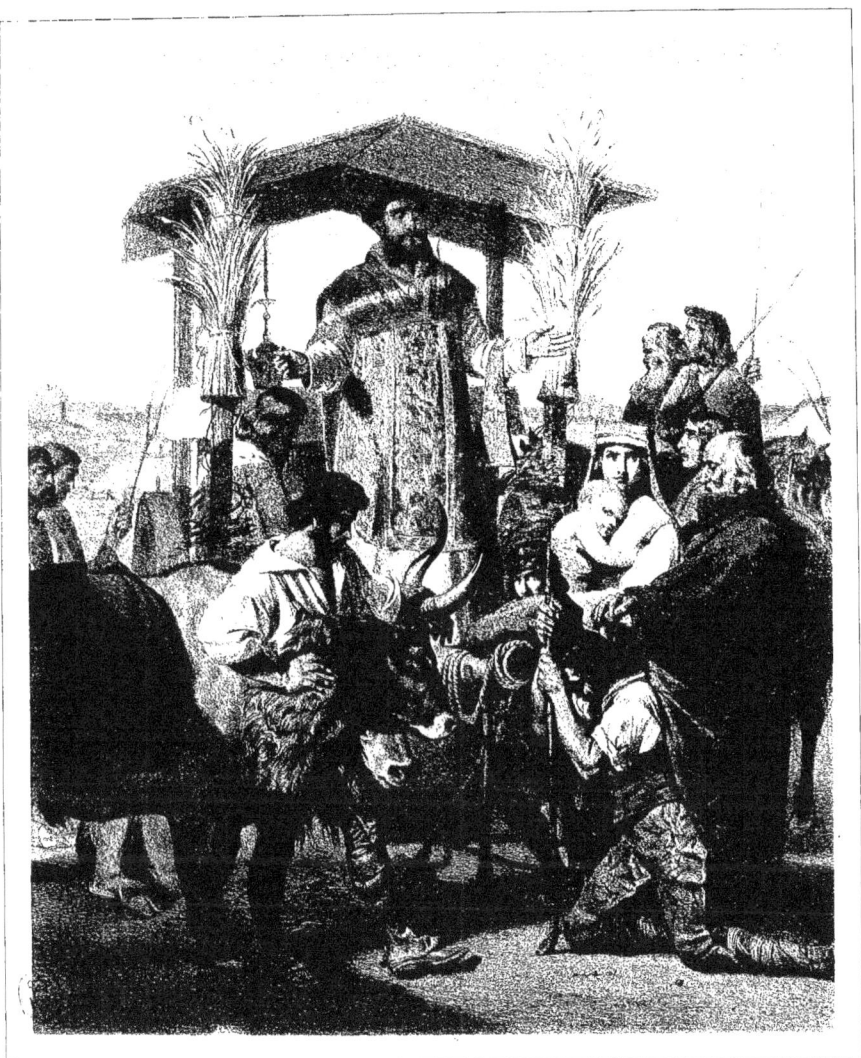

La Messe pendant la moisson dans la campagne de Rome.

HENRY SCHEFFER, GALLAIT, MM. BENOUVILLE, ALIGNY, BIARD, ACHILLE DEVÉRIA, GOSSE, LOUIS BOULANGER, CHAMPMARTIN, SAINT-JEAN.

M. Henry Scheffer a deux portraits, celui de M. le comte de Rambuteau et celui de M. Jourdan. Le *portrait de M. de Rambuteau* n'est pas aussi réussi que le *portrait de M. Jourdan*; il manque un peu de vie : le modèle en est rond. Faut-il dire que c'est à peine si nous avons reconnu M. le préfet de la Seine?

— La *Prise d'Antioche par les Croisés*, par M. Gallait, est une toile à effet, un peu trop cinquième acte d'opéra. Rien n'égale le mouvement de la composition ; le désordre est au comble parmi les musulmans. L'effet est la principale qualité de la *Prise d'Antioche*. — Deux pendants, *Bonheur* et *Malheur*, n'ont pas un mérite égal. Le *Bonheur*, c'est-à-dire la mère heureuse regardant jouer ses enfants, et paraissant jouir de tout ce que la fortune et la santé peuvent donner, est d'un coloris trop conventionnel et d'un dessin trop peu étudié. — Le *Malheur*, représentant une jeune femme presque en haillons mettant ses enfants à peine vêtus sous la protection de la croix, quoique peint dans le genre du *Bonheur*, lui est bien supérieur : la tête de la mère a une expression poignante qui saisit. — Dans le salon carré, le portrait de M. Dubois est parfaitement peint.

— L'infortune d'Homère inspira ces beaux vers à André Chénier .

> .... Et sur une pierre
> S'asseyait ; trois pasteurs, enfants de cette terre,
> Le suivaient, accourus aux abois turbulents
> Des molosses ; gardiens de leurs troupeaux bêlants,
> Ils avaient, retenant leur fureur indiscrète,
> Protégé du vieillard la faiblesse inquiète ;
> Ils l'écoutaient de loin, et s'approchant de lui.....

M. Achille Benouville a été aussi fort bien inspiré, car il a envoyé de Rome un beau paysage historique, bien composé et bien rendu, notamment sur les premiers plans ; une certaine uniformité d'exécution fait tort à l'ensemble du tableau. *Homère abandonné dans l'île de Sicos et accueilli par des bergers* est une œuvre qui honore le jeune lauréat de l'Institut. Le *Souvenir de la vallée de Narni*, par le même, sent beaucoup moins l'école que le paysage d'Homère, et nous fait espérer que M. Achille Benouville possède une véritable originalité.

— M. Léon Benouville, son frère, a exposé une *Esther*, remarquable par le dessin et par la couleur, par l'ensemble et par les détails. Ce tableau nous fait présager un peintre d'un beau talent.

— De son grand voyage en Grèce, M. Aligny a rapporté de beaux tableaux et de magnifiques dessins. Ces nouvelles études ont élevé encore le talent de M. Aligny. Dans la *Vue de l'acropole d'Athènes*, ce qui frappe d'abord les yeux, c'est la pureté des lignes et l'harmonie qui existe entre tous les plans du paysage. — La *Vue des carrières de la Cervara* a bien le caractère triste et sauvage des campagnes de

Rome, où le ciel bleu, lui seul, semble n'avoir pas perdu toute heureuse influence.
— Comme style, le *Bon Samaritain* est à peu près irréprochable. Ce paysage déroule une étendue immense de pays; les premiers plans ont de la fraîcheur, mais ils sont lourds de forme et d'exécution; les fonds sont d'une belle couleur.

— Un peintre universel comme M. Horace Vernet, mais au deuxième degré, c'est M. Biard; aucun sujet ne lui fait peur, et il les traite tous avec verve, sinon avec supériorité. Il aurait bien dû rendre avec plus de vérité les traits nobles du roi Louis-Philippe, dans le *Bivouac de la garde nationale, soirée du 5 juin 1832*. Que de véritable talent dans la disposition des personnages! Combien il faut tenir compte à M. Biard de la difficulté qu'il a vaincue en peignant avec harmonie ces uniformes de garde nationale! — Sa *Baie de la Madeleine, au Spitzberg*, a le tort d'être une continuation de son interminable série de tableaux à ours blancs, à huttes de neige, à aurores boréales. — On va rire devant la *Pudeur orientale*, et, sans pruderie, nous nous abstenons. De tels tableaux n'appartiennent pas au domaine de l'art; et, plus ils sont habilement peints, plus nous en voulons à leur auteur, qui ressemble à un poëte de talent composant des vaudevilles grivois tout pleins de mots gaillards et de plaisanteries épicées. M. Biard ne mérite pas les mêmes reproches pour sa *Convalescence* et pour son *Appartement à louer*, et surtout pour les *Inconvénients d'un voyage d'agrément*, sujets plus admissibles et en même temps mieux composés.

— M. Achille Devéria a adopté, pour les sujets religieux qu'il peint, un genre de peinture, imitant la tapisserie, à fonds à plat, qu'il serait bon de perfectionner. *L'Archange Saint-Michel* ramenant à Dieu deux âmes que Satan entraînait dans l'abîme, tel est le sujet du tableau de M. Devéria, tableau plein de grâce, d'habileté, et qui est le pendant de la *Translation de la sainte Case*, exposée l'année dernière.

— Nous appellerons M. Gosse, — et qui ne lui a pas comme nous donné ce nom? — le Casimir Delavigne de la peinture. Les œuvres du poëte sont souvent par lui traduites en tableaux. Un jour, nous apercevons les *Enfants d'Édouard*, un autre jour, à l'ouverture du Salon de 1844, nous voyons *Louis XI aux pieds de Saint-François de Paule*. Ce dernier tableau est bien composé, et brille par des détails consciencieusement peints. — *Maître Adam et le prince de Gonzague* est un intéressant épisode agréablement rendu. La femme de maître Adam, en introduisant le prince auprès de son mari, plus occupé de ses vers que de son travail, lui dit : « Voyez, monseigneur, à quoi mon paresseux de mari s'amuse au lieu de travailler. » Ingénieuse moitié! ton mari s'amusait à faire ses fameuses *Chevilles*! M. Gosse a exposé un portrait où l'on retrouve l'habileté ordinaire de son pinceau.

— Comme M. Chassériau, M. Louis Boulanger a des convictions inébranlables et qui le soutiennent dans la voie qu'il s'est tracée. Par ses œuvres précédentes, M. Louis Boulanger a su conquérir un rang très-honorable parmi les artistes, et sa peinture gagne beaucoup en naturel. Comme composition, *Notre-Dame de Pitié* n'est pas irréprochable, et cependant la pose du Christ est belle, le groupe entier est consciencieusement étudié. M. Louis Boulanger n'abuse pas de son savoir-faire, et nous l'en

SALON DE 1844
L. Français

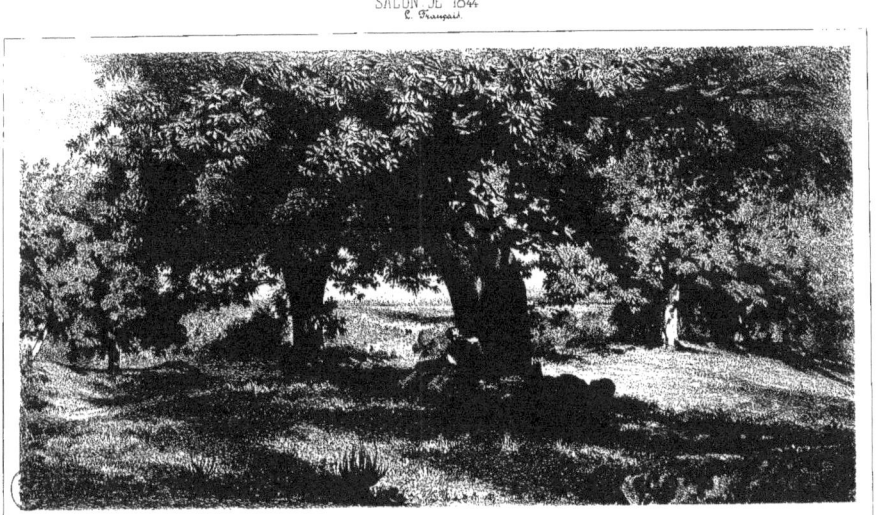

Vue prise aux environs de Paris

Certifié conforme
Challamel

félicitons : c'est à cela qu'on reconnaît le véritable artiste. Il a exposé deux beaux portraits.

— Qui a vu un tableau de M. Champmartin, a, par avance, vu tous ses tableaux, ou à peu près. Les tons rosés et violets y dominent; les groupes sont resserrés, et à peine quelques figures se détachent-elles d'une manière précise. « *Laissez venir à moi les petits enfants* » a tous les défauts comme aussi tout le mérite qui ont fait la réputation de M. Champmartin. Ce tableau est trop brillant et dur d'aspect. On regarde, on voudrait s'intéresser à la foule des enfants qui s'approchent du seigneur; mais l'ensemble est si peu harmonieux, que l'on ne peut s'arrêter sur rien. Deux ou trois têtes d'enfants sont charmantes; celle du Christ n'est pas vulgaire. — Le *Portrait de M. Gillibrand*, rappelle les beaux temps de M. Champmartin.

— En peinture comme en littérature, tous les sujets sont bons lorsque l'exécution est bonne; aussi M. Saint-Jean, modeste peintre de fleurs, a-t-il, dès son début, obtenu une réputation immense et qui s'accroît chaque année. Les tableaux de M. Saint-Jean sont des chefs-d'œuvre : ses *Fruits et fleurs près d'un bas-relief* ne démentent pas la *Guirlande de fleurs suspendue autour d'une niche gothique*, exposée l'année dernière; l'art y est poussé jusque dans ses dernières limites; le peintre y fait preuve d'une habileté consommée : son dessin est irréprochable, sa couleur est aussi belle que la nature; la composition, enfin, — car la composition a plus d'importance qu'on ne le croit généralement dans un tableau de fleurs, — est intelligente au dernier point. M. Saint-Jean n'expose qu'un tableau par an; mais ce tableau ne manque jamais de faire sensation parmi les connaisseurs. Il est devenu l'égal de nos anciens peintres de fleurs. Un mot cependant : Que M. Saint-Jean se garde des tons jaunes, trop souvent employés dans ses reflets; ils pourraient, par la suite, nuire à l'unité de lumière de ses tableaux, et le conduire dans une voie malheureuse.

COUTURE, MULLER, WASCHMUTH, PHILIPPOTEAUX, PAPETY, ACHARD, TROYON, SABATIER, JADIN, GUDIN, MOZIN, LOUIS MEYER, MOREL-FATIO.

Toutes les fois que notre critique voit surgir un talent mâle et original, elle s'empresse de lui faire fête et de lui préparer les voies de la gloire autant qu'il est en son pouvoir. C'est ainsi que nous avons agi avec M. Couture, qui n'a pas démenti nos prévisions. L'*Amour de l'or*, œuvre d'un peintre du plus grand avenir, est un tableau auquel il manque peut-être une exécution contenue et plus réfléchie. La pensée du peintre s'y laisse facilement deviner; et, sous ce rapport, son tableau n'est pas une allégorie. La tête de l'avare, — que beaucoup de gens accusent à tort d'être sans dignité, puisque l'avarice est une passion qui abaisse l'âme — la tête de l'avare est bien dessinée, bien peinte; celle du démon a du caractère, et, par bonheur, elle n'est pas infernale, d'après les idées communément adoptées : il y a plus que le « rire sardonique, la tête cornue et les yeux pervers. » Pour les deux femmes découvrant leurs charmes devant l'or de l'avare, leur pose est voluptueuse, sans lasciveté ; seulement, nous voudrions qu'elles fussent plus étudiées ; la blonde, par exemple, semble être encore à l'état d'ébauche. L'*Amour de l'or* assure à M. Couture un beau rang dans la grande peinture. — *Joconde*, petit tableau du même peintre, est une gracieuse toile de chevalet, d'une couleur charmante. Le *Portrait de M. H. Didier*, œuvre de maître, est un portrait bien peint, bien dessiné et d'un puissant effet. Pourquoi le peintre a-t-il adopté une pose si ambitieuse ? Elle donne au portrait un air matamore qui n'est nullement dans la nature mignonne et aristocratique de l'original.

— A côté de M. Couture se place M. Müller qui, par ses débuts, nous fit concevoir lui aussi, de grandes espérances. Elles ne se sont pas réalisées entièrement ; dans l'*Entrée de Jésus à Jérusalem*, ce peintre a montré néanmoins qu'il se livrait à des études sérieuses. L'*Héliogabale* était un bien meilleur tableau.

— Ce n'est pas la première fois que nous remarquons les envois de M. Wachsmuth : son *Saint François-Xavier prêchant dans l'Inde* n'est pas supérieur à sa *Confession de Louis XI*, exposée il y a quelques années ; il y a moins de simplicité, en même temps moins de grandiose dans la composition qui est cependant habilement ordonnée. Nous voudrions voir plus de caractère dans les figures, nous voudrions voir saint François plus inspiré. Un *Moine lisant son bréviaire*, le *Chien de l'ermite* et un *Caravensérail* sont trois petites toiles pleines de mérite et qui plaisent. La dernière est bien pâle de tons : est-ce là le soleil de l'Afrique ?

— Le *Combat de l'Oued-Jer*, livré le 27 avril 1840 par le duc d'Aumale à la tête des chasseurs d'Afrique, a fourni à M. Philippoteaux l'occasion de peindre un tableau d'un beau mouvement de composition. — L'*Avant-poste arabe* a de la couleur ; — la *Rapt* est ingénieuse ; — la *Razzia* est aussi bien composée que le *Combat de l'Oued-Jer* dans de moindres proportions. M. Philippoteaux a compris que les campagnes, — ciels et terrains, — de ses tableaux, devaient être chaudes et colorées ; c'est bien en Afrique que se passent les diverses scènes qu'il nous représente. Si vous vous arrêtez devant le *Retour des Sédanais après la bataille de Douzy*, il vous sera facile de dire en quel pays il a lieu. C'est le Nord. Ce dernier tableau, exécuté dans les données connues du talent de M. Philippoteaux, montre combien il a fait de progrès ; cela ne plaît plus seulement aux amateurs, mais encore aux artistes.

— Où est le *Rêve du bonheur* exposé l'année dernière par M. Papety ? Est-ce le même peintre que chacun appelait poëte, qui nous présente aujourd'hui la *Tentation de saint Hilarion* ? M. Papety a-t-il agi sérieusement, ou bien a-t-il voulu tout simplement exposer, afin de ne pas laisser oublier qu'il sait peindre ? Cette dernière conjecture est la bonne, nous le croyons. Lorsque M. Adolphe Brune peignit sa belle *Tentation de saint Antoine*, la sévérité de l'exécution fit aisément passer sur le cynisme du sujet. Ici, la même chose n'a pas lieu. La femme qui tente saint Hilarion n'est qu'une femme demi-nue. Quant à saint Hilarion, il a peur, il est épouvanté, il est comme terrassé ; ce n'est pas une sainte horreur pour le vice qu'il éprouve. Malgré tout le talent qu'il y a dans le petit tableau de M. Papety, c'est un mauvais tableau.

SALON DE 1844

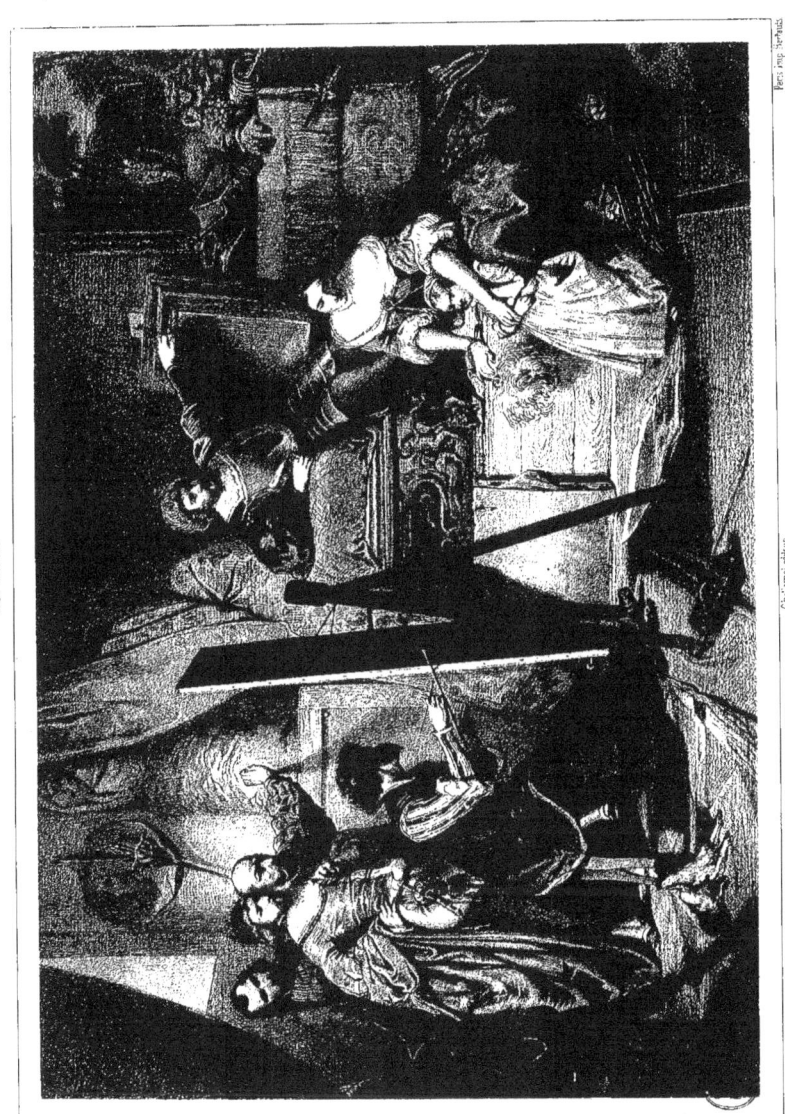

Giorgione Barbarelli faisant le portrait de Gaston de Foix, Rue de Nemours

Nous adjurons le peintre de ne plus travailler dans un genre qui est à l'art ce que la *Pucelle* de Voltaire est à la poésie.

— Quoi qu'on puisse dire, la réputation va toujours récompenser tôt ou tard les hommes dont les capacités sont réelles ; ils luttent, mais ils triomphent. En 1840, personne ne connaissait M. Achard ; en 1844, M. Achard est à bon droit regardé comme un excellent paysagiste. Trois vues et un paysage forment son exposition. Ses trois vues sont prises dans le *hameau de Saint-Égrève*, ou aux environs. M. Achard a imité la nature. Il serait difficile de le surpasser pour ce qui concerne les terrains et les collines rocailleuses, qu'il peint avec une vérité étonnante. Les terrains font illusion. Rien n'est mieux disposé, mieux rendu, rien n'a une couleur plus pittoresque ; une chose manque encore à M. Achard : le feuiller des arbres placés sur les premiers ou seconds plans. Il nous semble toujours qu'après avoir peint son paysage devant la nature, il ait ajouté des arbres plus tard, dans l'atelier ; tant ils se détachent du reste de l'ouvrage. Il est à craindre que M. Achard ne se laisse aller à trop de facilité.

— Le Paysage de M. Troyon a de la grandeur et de l'air : c'est un des plus agréables endroits de la forêt de Fontainebleau. Le tableau que M. Troyon appelle *dessous de forêt*, et dans lequel il représente un chasseur tirant au canard sauvage, est certainement rempli de beautés du premier ordre ; mais la lumière n'est pas lumineuse ; qu'on nous pardonne ce pléonasme qui fait comprendre notre pensée. Le plan de gauche s'efface beaucoup trop.

— Le paysage tel que le peint M. Sabatier a toutes nos sympathies, c'est moins froid que les simples vues, c'est moins *imaginé* que le genre. Un *Village des États romains* a de la grandeur et beaucoup d'air ; le *Site des Pyrénées* dont la couleur est tout à fait charmante, n'a que le défaut d'avoir certains reflets rosés qu'on ne s'explique pas. Sous ce titre, *Arabes faisant abreuver leurs chevaux*, M. Sabatier a exposé une jolie toile, gaie, fraîche et bien composée.

— Si nous considérions les peintures de M. Jadin comme des tableaux, au lieu de voir en eux des panneaux d'appartement, nous serions en droit d'être un peu sévère vis-à-vis du peintre. Dieu nous garde d'une pareille injustice. M. Jadin a fait ses preuves, et si ses tableaux ne sont pas aussi achevés qu'on pourrait le désirer, au moins sont-ils peints avec verve, avec entraînement, pour parler le langage des chasseurs. Le panorama d'une chasse se déroule devant nos yeux. D'abord, voici le portait authentique et collectif de la *Meute* appartenant à M. le comte Henri Greffulhe. Voyons les intelligentes bêtes rassemblées en troupeau, portant la tête en l'air, et le nez au vent. Le *Rendez-vous*, auquel nul ne manque, est reproduit avec habileté ; le *Débuché d'une horde de sangliers* est reproduit avec science et talent ; le *Hallali dans la forêt de Fontainebleau*, est la mise en scène d'un fait récent : Un sanglier forcé charge le cheval de M. le prince de W... Enfin, la *Course aux lévriers* est vive et très-mouvementée. Cette série envoyée cette année au Salon par M. Jadin, a de l'intérêt pour tout le monde : qu'on juge aussi de la joie des chasseurs ! Comme ils doivent regarder avec plaisir cette histoire peinte d'une chasse ! Il y a tel épisode reproduit par

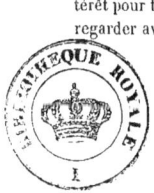

M. Jadin, qui a le pouvoir de rappeler aux amateurs un débûché qui date de vingt ans. — *Ralph et Zeph, levriers à l'entraînement*, sont deux portraits ressemblants sans aucun doute ; mais dans tous les cas, fort agréables à voir. Ce dont il faut savoir gré à M. Jadin, c'est de sa facilité à grouper chasseurs, batteurs de bois, chiens et gibier. Quelquefois même, les chiens ont une physionomie maligne qui excite le rire. La vérité est aussi une des plus belles faces du talent de M. Jadin, qui sait bien colorer les tableaux lorsqu'il en est besoin, témoin son fameux *Hallali sur pied*, commandé par M. le duc d'Orléans.

— Le livret se charge d'expliquer tout au long les sujets choisis par M. Gudin ; quatre pages et demie sont spécialement affectées à leur nomenclature raisonnée. Une page commente le *Tableau de la mort de saint Louis* ; une demi-page commente la *Vue de la chapelle de saint Louis;* une page relate la *Fondation de la colonie de Saint-Christophe et de la Martinique;* une page et demie fait savoir comment *La Salle découvre la Louisiane;* reste une demi-page pour l'*Incendie du quartier de Péra, à Constantinople*, et pour l'équipage du *Saint Pierre sauvé par un brick hollandais* : total, près de six pages. Nous renvoyons le lecteur au livret, et lui recommandons de regarder avec attention l'*Incendie de Péra*, dans lequel il y a de très-belles parties, ainsi que dans tous les autres tableaux de M. Gudin. Nous déplorons sincèrement devant toutes ces toiles l'abus d'un beau talent qui se prodigue et semble ne plus se reconnaître lui-même.

— MM. Morel-Fatio et Louis Meyer se sont réunis pour peindre une scène de la visite de la reine Victoria au roi Louis-Philippe. Le *Roi de France se rendant dans son canot royal à bord du yacht de la reine d'Angleterre*. Ce tableau est surtout remarquable par son exactitude historique, et nous motive l'occasion de donner à MM. Morel-Fatio et Meyer un conseil : ils doivent se garder des tons pâles dans les ciels, et des tons bleus dans les flots de l'Océan : cela donne de l'uniformité à leurs ouvrages, et la vue de la mer est déjà assez calme et uniforme par elle-même. Quatre tableaux de M. Morel-Fatio sont en progrès sur ceux de l'année dernière. Les *Régates du Hâvre* ont du succès. *Jean-Bart, montant la Palme*, de dix-huit canons, et s'emparant à l'abordage d'un vaisseau hollandais de soixante canons, et la *Prise à l'abordage du transport anglais les Deux Jumeaux par l'Heureuse Tonton*, sont des œuvres de valeur, travaillées avec conscience et habileté. Quant aux *Pêcheurs normands*, ils ont inspiré à M. Morel-Fatio un petit tableau frais et gracieux.

— Le *Combat du brick français l'Abeille, commandé par M. de Mackau*, etc., est, sans contredit, le plus beau tableau exposé par M. Meyer. L'effet du matin est poétiquement rendu, et l'on s'intéresse vivement à ce fait d'armes si glorieux de nôtre ministre actuel de la marine. Le *Sauvetage du brick le Phénix* manque un peu de vigueur, tout en étant dramatiquement composé. C'est à la couleur qu'il faut s'en prendre. Deux autres petites toiles de M. Meyer sont excellentes.

— Restons en mer, puisque nous y sommes. S'il vous arrive d'aller aux bains de Trouville, vous rencontrerez sans aucun doute M. Mozin naviguant dans sa barque ;

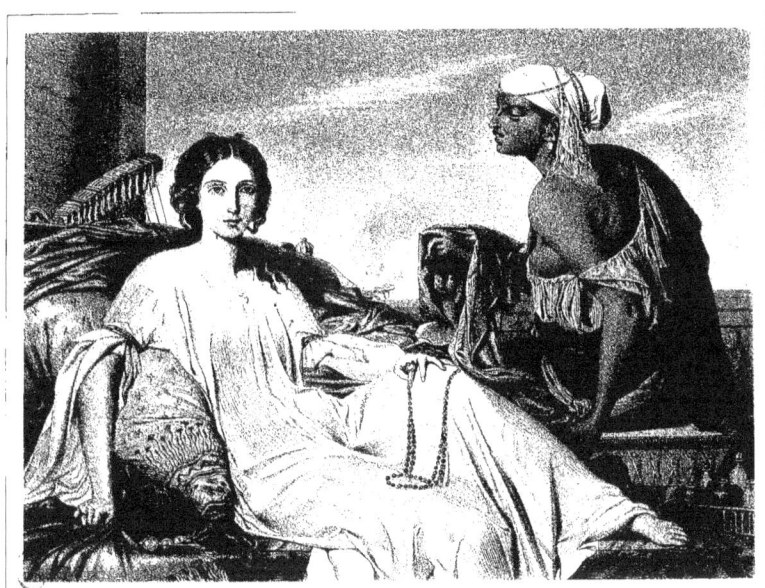

Esther

il cabote, il va de Trouville au Hâvre, du Hâvre à Honfleur. Ce sont ses parages ; suivons-le. Le *Gué de Diouville* plaît par le sujet même, gracieusement et exactement rendu. La *Vue d'Honfleur* est certainement un des bons tableaux de l'Exposition : il serait parfait, si les maisons de la ville avaient un peu plus d'éloignement, ce qui rendrait la mer plus vaste. Le ciel, les eaux, les barques et tous les accessoires sont peints de main de maître. Enfin, *Paris* est un joli panorama, plein de lumière et de couleur. M. Mozin progresse toujours, parce qu'il travaille avec soin et méthode, et que, ne se contentant pas de viser à l'effet, il s'attache à peindre des marines qui aient un mérite certain d'exactitude. La *Vue d'Honfleur* serait tout à fait à sa place dans un de nos musées nationaux.

Guignet aîné, Adrien Guignet, Adolphe et Armand Leleux, Eugène Lepoittevin, Aimé de Lemud, Emile Loubon, Jules Duval le Camus, Elmerich, Porion, Louis Canon, Camille Fontallard, Guillemin, Fortin.

On ne peut, sans injustice, être hostile à M. Guignet aîné, et méconnaître les brillantes qualités qui distinguent sa peinture; le beau, dont cet artiste ne s'écarte pas, le maintiendra dans une bonne route. Son portrait en pied de Mme la comtesse de Penautier et de sa fille, est en tous points remarquable. Une dignité aristocratique, un maintien noble et l'expression des figures, font, de ce portrait, une œuvre à la hauteur de celle des maîtres. Jamais M. Guignet aîné n'avait traité les accessoires avec plus de conscience ; jamais, non plus, il n'était arrivé à une ressemblance aussi exacte, aussi poétique, ajouterons-nous. Son portrait en pied de Mme la princesse Lœtizia Bonaparte, fille de Lucien, est fort beau. Nous en avons remarqué un autre qui, dès l'abord, ne nous a point paru être sorti de l'atelier de M. Guignet aîné, tant la manière est différente de celle qu'il a adoptée. Ce portrait plaît infiniment, quoiqu'il soit moins irréprochable que les autres du même peintre ; peut-être nous laissons-nous, avec raison, charmer par les détails. Bien que prodigués, ces détails sont disposés avec un goût et une harmonie exquise.

— M. Adrien Guignet progresse chaque année, il fait des pas de géant. Son *Salvator Rosa chez les brigands*, est une de ces compositions qui renferment en même temps, et l'effet, et la couleur et l'ensemble. Oui, ces montagnes sauvages, ces routes impraticables, ces rochers à pic, voilà bien la nature qu'aimait Salvator Rosa ! Son talent mâle et énergique allait souvent se retremper au milieu de ces sites âpres et grandioses. Le célèbre peintre, qui conserva jusqu'à la mort son caractère enjoué, et dont la dernière parole fut une plaisanterie, savait fréquenter aussi bien les brigands que les grands seigneurs; ceux-ci le payaient, ceux-là l'inspiraient. M. Adrien Guignet a bien compris son sujet, et, ce qui était plus difficile, il l'a parfaitement rendu. *Salvator Rosa* est comme une introduction à la *Mêlée*, qui n'est certes pas imitée de ce maître, mais qui est peinte dans son style. La *Mêlée* est une immense composition, si l'on considère la multitude de personnages qui agissent dans les différents groupes du tableu. C'est trop peu dire que parler du mouvement qu'on y remarque ; la bataille est arrivée à son apogée ; les ennemis se livrent à une lutte acharnée, les vainqueurs nageront dans des flots de sang. Nous venons de louer l'effet général du tableau. La couleur en est solide, mais un peu trop bistreuse, — peut-être cela tient-il à la place sombre qu'occupe la *Mêlée*, tableau auquel le grand jour serait nécessaire. L'ensemble, principalement, fait de cette toile une grande œuvre. Il ne manque à M. Adrien Guignet que de la réputation. Qu'il prenne patience : la réputation est encore plus facile à obtenir que le talent.

— Autant d'expositions, autant de succès pour M. Adolphe Leleux, que de délicieuses scènes bretonnes placèrent du premier coup au rang de nos peintres de genre les plus distingués. Depuis, son talent et son succès ont grandi. Les *Paysans picards* sont des portraits véritables ; rien de plus naïf et de plus naturel. M. Adolphe Leleux a rencontré ces paysans-là quelque part, et nous-mêmes, il nous semble les reconnaître. Au reste, les *Cantonniers navarrais* ont plus d'importance et sont l'œuvre capitale du jeune peintre. Ici, M. Adolphe Leleux a élargi le cercle ordinaire de ses compositions ; il a placé la scène au milieu des montagnes de la Navarre, où la nature est à la fois verte et vigoureuse comme en Normandie, chaude, bizarre et âpre comme en Espagne. L'ensemble et les détails de ce tableau satisfont pleinement ; les personnages sont posés avec grâce et naturel ; les montagnes sont d'une excellente couleur, mais manquent un peu d'air. Les *Cantonniers navarrais* nous préparent à un charmant tableau, inspiré aussi par la Navarre, et que nous verrons à la prochaine exposition, avec des *Faneuses bretonnes* qui prouveront bien que M. Adolphe Leleux est loin d'avoir oublié ou abandonné la Bretagne. — M. Armand Leleux a exposé les *Laveuses à la fontaine*, jolie toile de genre. Deux jeunes filles, paysannes de la Forêt-Noire, lavent leur linge dans un abreuvoir placé dans un chemin couvert ; un cavalier passe en les regardant. Le seul reproche grave que nous puissions faire à M. Armand Leleux, c'est de n'avoir pas mis plus d'air et de lumière dans son tableau ; mais il a fait de si notables progrès depuis une année, que nous regrettons de n'avoir à examiner qu'un ouvrage de lui. Nous dirons cela de peu de peintres.

— Jamais la verve de M. Eugène Lepoittevin ne s'épuisera ; du moins, tout nous porte à le croire. Avez-vous vu, dans le Salon, *Une embarcation* (dite la *Poste aux choux*) venant approvisionner un poste de flibustiers sur la côte? Est-il quelque chose de plus habilement touché, de plus spirituellement fait? Et le *Renseignement*, donc! Ce tableau fait plaisir, tout placé qu'il est à côté des Marilhat et d'un Tony Johannot ; c'est qu'il est plein de naturel, de bonhomie et d'accessoires charmants. Les *Fruits d'automne* ne sont pas le moins agréable des tableaux de M. Eugène Lepoittevin, qui tous ont un air de parenté que bien des gens appellent uniformité. M. Eugène Lepoittevin a un talent fin, coquet et facile ; voilà pourquoi ses ouvrages sont toujours goûtés du public.

— La délicieuse chanson de Béranger, les *Hirondelles*, a fourni à M. Aimé de Lemud le sujet d'une étude peinte. M. de Lemud a traduit ces quatre vers :

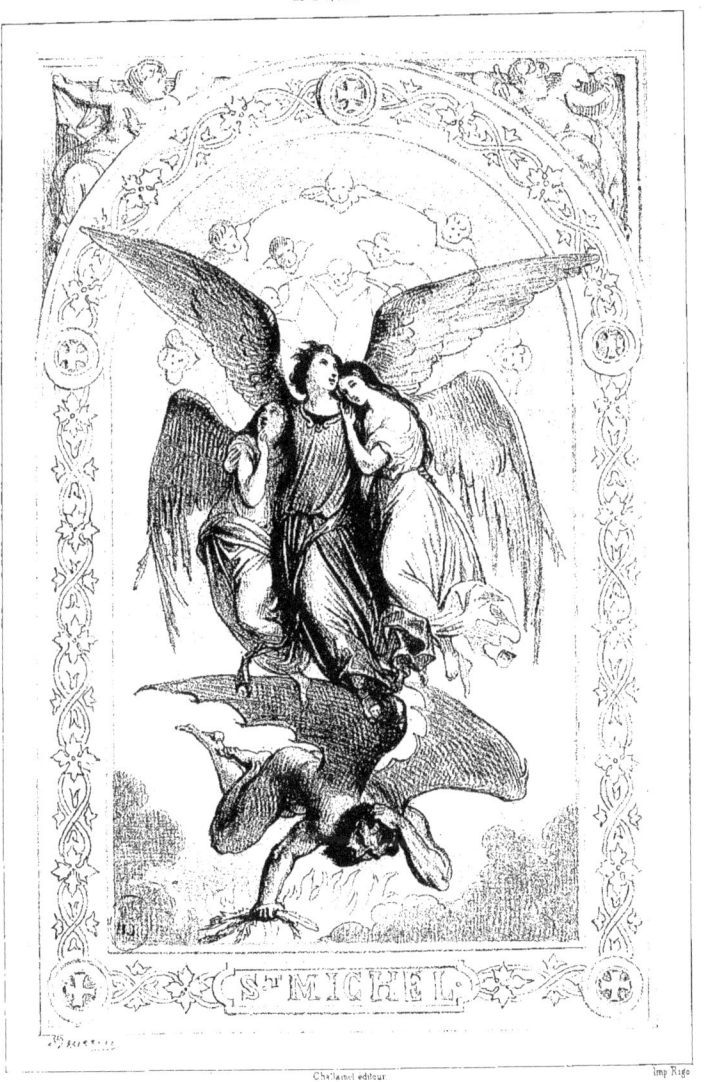

L'Archange St Michel.

> Hirondelles que l'espérance
> Suit jusqu'en ces brûlants climats,
> Sans doute vous quittez la France :
> De mon pays ne me parlez-vous pas?

Ce qui distingue M. Aimé de Lemud, c'est l'originalité, la grâce et le caractère de ses compositions, c'est la vigueur et la verve de l'exécution, c'est la couleur; pour lui, le crayon ressemble au pinceau. Sans donner au peintre des éloges inconsidérés, nous lui conseillerons de persévérer dans la route qu'il vient d'entreprendre, parce que ce début promet pour l'avenir.

— M. Émile Loubon a reproduit avec grâce et vérité les *Bords de la Durance* et, dans la même province, le *Souvenir de la Camargue*. Ce dernier est un frais et gracieux tableau, assez sérieusement fait pour plaire aux artistes, et assez agréablement peint pour plaire aux amateurs.

— Nous ne saurions trop encourager M. Jules Duval-le-Camus à persévérer dans la grande peinture, non pas tant à cause de l'aptitude dont nous le croyons doué qu'à cause des qualités de couleur et de dessin que dès l'abord nous reconnaissons en lui. Des quatre tableaux qu'il a envoyés au Salon, deux sont remarquables; et, en premier lieu, nous citerons le *Repos en Égypte*. Bien qu'il y ait quelque peu de mollesse, la couleur en est agréable et tout à fait harmonieuse. La *Tentation de saint Antoine* a les mêmes défauts et les mêmes qualités; nous voudrions trouver plus d'expression dans la figure du saint tenté, et cependant nous préférons encore cette froideur à des traits trop rudement accusés, ce qui serait une exagération. Le *Chasseur perdu dans les montagnes* ne peut servir en rien à la réputation de M. Jules Duval-e-Camus; mais c'est une toile qui prouve de l'habileté. Le *Portrait de madame H.....* est bien peint et fort agréable. — M. Duval-le-Camus père a exposé les *Prémices des moissons*, un de ces tableaux sans prétentions, et qui sont des reproductions exactes de scènes intéressantes.

— *Vendanges d'Alsace*, par M. Édouard Elmerich, a des tons séduisants. Sans parler de la composition, qui est gracieuse et des plus simples, nous dirons que la couleur du tableau est agréable, et que son ensemble plaît. M. Elmerich fera bien de se préoccuper plus qu'il ne l'a fait de la perspective : sa petite toile a un peu l'air d'une fresque.

— Si l'on veut prendre une idée exacte des danses espagnoles en pleine campagne, on regardera avec attention *Une danse, souvenir d'Espagne*, par M. Charles Porion, qui expose pour la première fois, et à qui son début fait honneur. Figures et paysages sont heureux. Le tableau de M. Porion dénote que ce peintre est coloriste.

— M. Louis Canon a exposé le *Retour du roulier*, scène d'intérieur reproduisant les mœurs de la campagne. Peinture pleine d'esprit et de naturel, peinture sans prétention, et, par cela même, charmante. M. Louis Canon est un des plus intelligents interprètes du paysage-genre. L'exposition de M. Canon est moins importante cette année que celle des années passées.

— A voir les petites toiles de M. Fontallard, on se prendrait d'une louable aversion pour le genre; car, à force de vouloir se mettre à la portée des faibles intelligences, le peintre finit par devenir un trivial caricaturiste, armé du pinceau au lieu du crayon. M. Camille Fontallard nous pardonnera de ne pas admettre au nombre des tableaux de genre ses *Canotiers parisiens*, encore moins sa *Grande revue*.

— En fait de genre proprement dit, chaque année MM. Guillemin et Fortin se disputent ou plutôt se partagent le prix. Le premier a traduit sur la toile ces vers de M. Wilhelm Ténint :

> Les *bleus* sont là ! la ferme est cernée, et des pas
> Résonnent sur le sol !... Le salut, c'est la Bible !
> Plus d'armes ! à genoux ! la lutte est impossible !
> Un chrétien se défend, mais ne se venge pas, etc.

Dieu et le roi est une composition plus importante que toutes celles échappées jusqu'à présent du pinceau de M. Guillemin. Le type breton apparaît dans ce tableau, qui est un épisode des guerres de la Vendée. Le *Vieux matelot* est une scène touchante que le peintre a rendue avec beaucoup d'expression. Toutefois la *Consultation* l'emporte sur les autres tableaux de M. Guillemin. De la vérité, de l'expression, de la distinction dans les figures, voilà ce que nous y avons remarqué et ce qui a fait le succès de cette petite toile, qui est très-bien peinte.

— Pour M. Fortin, il s'applique de préférence aux scènes d'intérieur, et la Bretagne est sa contrée privilégiée. *Une proposition* (paysans de Quimper) est comprise avec un naturel exquis; les accessoires sont ravissants, et si les têtes des personnages avaient plus de finesse, ce serait un excellent tableau. Sous ce titre : *Douleur!* M. Fortin a rendu une scène poignante : un paysan breton veille près du lit de mort de sa femme. Comme exécution, tout le monde préférera *Une proposition* à *Douleur*; mais comme expression le second tableau est bien supérieur.

Paulin Guérin, Romain Cazes, Victor Robert, Jouy, Ernest Slingeneyer, Antoine Etex, V. Ferréaud, Michel Poussin, Isidore Dupavillon.

— Il y a un talent incontestable dans la *Conversion de saint Augustin*, par M. Paulin Guérin. Le peintre, se préoccupant avant toute chose de la pensée, a donné à la composition une tournure allégorique. « Près d'Augustin, dit le livret, des chaînes brisées sont comme le symbole chrétien de la dure captivité des passions dont la grâce vient de l'affranchir. » La *Conversion de Saint Augustin* est un tableau estimable sous beaucoup de rapports.

— M. Romain Cazes a peint un *Ave Maria* qui ne laisse pas d'être une œuvre à citer. Les figures ont une expression religieuse qui est tout à fait dans le style du sujet. L'*Ave Maria* est traité avec sagesse ; et le peintre a recherché la forme, qu'il a trouvée dans certaines parties complétement, faiblement dans d'autres parties. Mais l'intention n'échappe pas aux yeux du spectateur. La couleur du tableau de M. Romain Cazes

SALON DE 1844.
L. Boulanger.

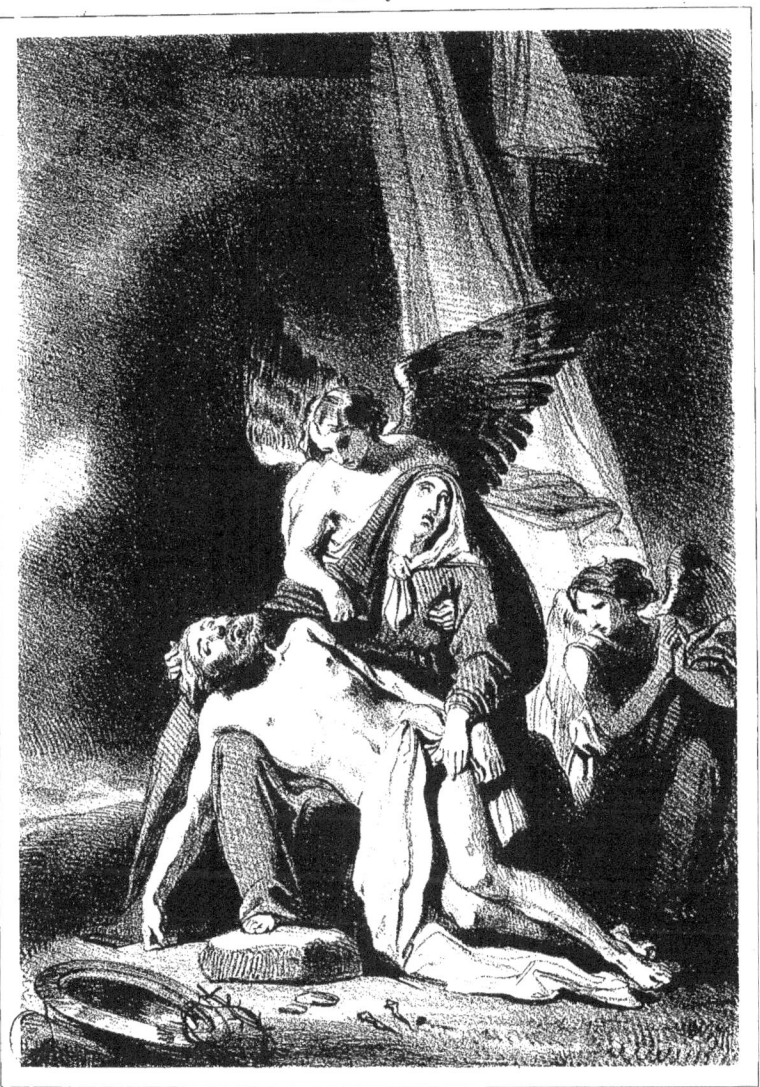

Notre-Dame de Pitié.

est agréable. — Son *Portrait de madame la baronne de P*..... doit avoir de la ressemblance, car on y remarque une harmonie qui ne peut guère exister dans un portrait, si ce portrait n'est pas une copie intelligente de l'original.

— La *Conversion de saint Paul*, de M. Victor Robert, est bien peinte, et les personnages sont posés avec le caractère qui convient au sujet. Le grand saint, miraculeusement converti l'an 35 de Jésus-Christ, était docteur des gentils, homme d'intelligence avant d'être apôtre du Seigneur. M. Victor Robert a compris cette vérité. Son autre tableau, le *Velay ravagé par la guerre, la famine et la peste en l'an* 1586, est une horrible page historique rendue avec talent. « Le pauvre peuple des montagnes avait été si ruiné par les guerres, et après par la misère du temps, qu'il mourait de faim..... Ils s'en venaient se retirer au Puy, par grande force, et étaient si amaigris, si défaits, qu'ils ressemblaient à des corps morts sortis du sépulcre. Ils tenaient la place depuis la porte d'Avignon jusqu'à celle de Saint-Laurent, et avaient rempli l'hôpital. » Quelle scène terrible! Quelles difficultés il faut vaincre pour en donner seulement une idée! M. Victor Robert a réussi.

— Le ministre de l'intérieur avait commandé à M. Jouy un *Martyre de saint André*; ce peintre s'en est tiré avec son habileté accoutumée. M. Jouy a peint un tableau, qui ressemble à beaucoup d'autres, dont le caractère religieux n'effraie pas les profanes, et qu'on ne saurait ranger sûrement au nombre des bonnes toiles. Le dessin de M. Jouy n'est pas incorrect, sa couleur n'est pas fausse, et cependant le *Martyre de saint André* ne satisfait pas. En revanche, M. Jouy a exposé six portraits qui ont des admirateurs. Quelques-uns méritent leur succès, et d'autres le surprennent. Le *Portrait de madame la comtesse de C*... est, sans contredit, le meilleur.

— Après le *Vengeur* de M. Leullier, qui fit sensation au salon de 1841, il était audacieux, pour ne pas dire téméraire, de traiter le même sujet. M. Ernest Slingeneyer a envoyé d'Anvers un tableau qui prouve jusqu'à l'évidence qu'il peut y avoir chez lui de l'audace, mais que certainement il n'y a pas de témérité. *Les derniers moments de l'équipage du vaisseau le Vengeur* font honneur au talent de M. Slingeneyer, et sont remarqués. M. Slingeneyer s'est inspiré de la belle ode du poëte Lebrun, et il a mis en action ces vers :

« Voyez ce drapeau tricolore,
Qu'élève en périssant leur courage indompté,
Sous le flot qui le couvre, entendez-vous encore
Les cris : Vive la liberté! »

— M. Antoine Étex réunit à son talent déjà si éminent de statuaire celui de peintre. L'auteur de *Caïn* nous a forcés à avoir tant de sympathie pour ses ouvrages de sculpture, que nous sommes tentés d'être sévère à l'endroit de ses tableaux; heureusement, il ne nous donne pas prise à une sévère critique. *Saint Sébastien, martyr*, ressemble, — autant qu'un tableau peut ressembler à une statue, — aux sculptures du même artiste. L'énergie, la vigueur en font le principal mérite. L'anatomie des muscles est savamment rendue; les chairs, quoique un peu vertes, ont cependant une bonne couleur, et sont modelées avec talent. L'effet de nuit est plutôt indiqué que complétement rendu. Il y a dans tout le tableau une teinte mystérieuse qui donne de la grandeur au sujet, et qui plaît à l'imagination. — Le second ouvrage de M. Antoine Étex, *Joseph expliquant ses songes à ses frères*, montre le talent du peintre sous une autre face. Ici, au lieu de l'énergie et de la vigueur, ce qu'il faut principalement remarquer, c'est le naturel des poses, l'expression des figures, la composition tout entière et aussi une couleur harmonieuse.

— *Le Christ présenté au peuple juif*, par M. Vincent Ferréaud, est consciencieusement fait, et nous ne pouvons que conseiller au peintre plus de franchise de tons. Sans nous préoccuper de l'ensemble du tableau, qui est satisfaisant, nous parlerons des détails traités avec soin. M. Vincent Ferréaud est du nombre des artistes auxquels il faut dire : Osez, et-vous parviendrez.

— Malgré le nom terrible qu'il porte, et qui pourrait effrayer tout artiste, M. Michel Poussin, dont nous avions déjà remarqué le *Samaritain*, l'année dernière, nous donne, cette année, un *Saint Sébastien secouru par les saintes femmes* où nous trouvons certaines parties excellentes, et qui promettent pour l'avenir un peintre de style. De l'inexpérience seule, voilà le défaut du tableau de M. Poussin ; heureusement on se corrige de l'inexpérience tous les jours.

— Les détails heureux du *Baptême de Jésus-Christ*, par M. Dupavillon, disparaissent devant les tons criards et durs de son tableau, qui manque d'études, et où se se rencontrent néanmoins de bonnes parties. Le sujet traité par M. Dupavillon est bien beau, mais aussi très-difficile.

ALFRED DEDREUX, DE LANSAC, JOYANT, JUSTIN OUVRIÉ, GUIAUD, THUILLIER, LAPITO, EUG. CHARPENTIER, DIAZ.

Nous connaissions à M. Alfred Dedreux un talent tout spécial, une habileté extraordinaire pour peindre les chevaux, une touche originale, un laisser-aller charmant, lorsqu'il lui arrive de traiter le portrait de genre ; mais ce que nous ne lui connaissions pas, c'est cette puissance qu'il a déployée dans la grande toile du *Portrait équestre de M. le duc d'Orléans*. C'est le prince dans son port, dans sa prestance, dans sa manière de se tenir à cheval ; dans ce tableau, rien n'est cherché, rien ne sent le travail pénible, et çà et là même, nous voudrions que M. Alfred Dedreux eût modelé et terminé davantage certaines parties. — Un autre *Portrait équestre de mademoiselle M...* est aussi beau que celui de M. le duc d'Orléans ; si le cheval qui porte la jeune fille a peu d'animation, le chien couché sur le premier plan est de tous points admirable. Deux autres toiles de M. Alfred Dedreux sont remarquables. *Cheval abandonné sur un champ de bataille* est une excellente étude terminée, et le *Portrait de M. le comte M.....* plaît infiniment. Que M. Alfred Dedreux étudie de plus en plus sérieusement, et il occupera la plus belle place parmi nos peintres de chevaux.

— Parce que nous avons trouvé bien le portrait de M. le duc d'Orléans, de M. Al-

SALON DE 1844

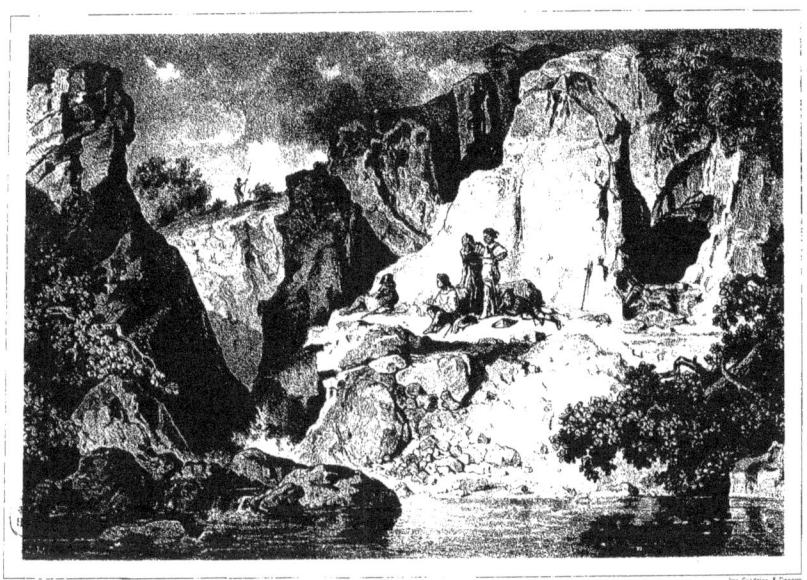

Salvator Rosa chez les brigands

fred Dedreux, ce n'est pas une raison pour que nous soyons injuste envers M. de Lansac qui a peint aussi un *Portrait équestre de M. le duc d'Orléans*, exposé dans le salon carré, non loin du tableau de M. Dedreux. L'œuvre de M. de Lansac est consciencieuse, et brille par les qualités opposées à celles qui distinguent l'œuvre de M. Dedreux. La pose du duc, quoique naturelle et vraie, ne rappelle pas complétement sa manière de se tenir à cheval. Comme peinture, M. de Lansac n'a rien à se reprocher; il y a dans son portrait beaucoup de talent ; seulement, nous voudrions trouver plus d'air et de lumière dans toute la toile. — Les deux autres portraits exposés par M. de Lansac nous ont pleinement satisfait.

— Venise est, nous pourrions dire, le *modèle* de M. Joyant. Il la prend dans tous les sens, la copie sous tous les aspects, et sait la rendre toujours nouvelle. Il vous souvient de la belle vue par laquelle M. Joyant débuta au Salon. Cette année, aucun de ses charmants tableaux n'est assez considérable pour produire de l'effet : ils sont petits et agréables. L'*Église de la Salute* a de la lumière; la *Riva dei Schiavoni* pèche par la pâleur des tons ; le *Grand canal* est rendu avec beaucoup de vérité; le *Pont San-Lorenzo*, enfin, termine avec éclat le panorama de Venise exposé par M. Joyant.

— Une maladie d'yeux faillit enlever M. Justin-Ouvrié à la vie artistique, et plusieurs personnes annonçaient qu'il ne pourrait pas exposer ; heureusement, aucune de toutes ces craintes ne s'est réalisée. On remarque au Salon l'envoi de M. Justin-Ouvrié, qui se compose d'un tableau et d'une aquarelle. Le tableau est la *Vue du château et d'une partie de la ville de Pau, prise du parc*. Il était difficile de pousser plus loin l'exactitude dans la reproduction de la belle campagne qui environne le château où naquit Henri IV, et que fit restaurer tout récemment le roi Louis-Philippe I. Le groupe des maisons qui forment la partie de la ville représentée par le peintre est délicieusement dessinée et peinte. La pleine campagne, à droite, est d'une vérité frappante, et M. Justin-Ouvrié a bien donné l'idée de l'immensité des Pyrénées. Quant à l'aquarelle de M. Justin-Ouvrié, c'est une charmante *Vue de la cathédrale de Saint-Pol-de-Léon*, qui sera enviée de tous les collectionneurs de beaux dessins.

— Avant d'abandonner Pau, allons avec M. Guiaud assister à une touchante cérémonie, à l'*Inauguration de la statue de Henri IV sur la place royale de Pau*, présidée par S. A. R. monseigneur le duc de Montpensier (25 août 1843). M. Guiaud a un talent tout particulier pour rendre en peinture les allées d'arbres taillés, les parcs, les places publiques ; et, à ce propos, nous vous rappellerons la *Vue de Saint-Cloud* que nous avons reproduite dans un de nos albums. Le sujet du nouveau tableau de M. Guiaud était fort ingrat ; mais, avec du talent aussi bien qu'avec du travail, on vient à bout de tout. Deux aquarelles du même peintre reproduisent, l'une la *Vue du château de Pau*, l'autre la *Vue de l'Église de Saint-Michel à Bordeaux*. Ces vues sont habilement faites ; notamment celle de l'*Église Saint-Michel*, qui brille par une scrupuleuse exactitude.

— Trois paysages de M. Thuillier répondent à ce que nos exigences peuvent demander de plus complet ; et cependant un grand défaut menace de nuire à l'entier développement du talent de ce paysage : c'est une certaine raideur de lignes qui retire de l'harmonie à ses tableaux. Le *Puy en Velay*, vue prise au pied des rochers d'Espaly, nous servira de preuve, car la *Vallée de Narni* est mieux réussie et semblerait presque devoir démentir notre observation. — Les *Restes de l'ancien théâtre de Taormine* (Sicile), n'ont pas encore cette beauté des lignes à laquelle MM. Paul Flandin et Aligny sacrifient peut-être trop les détails. Que M. Thuillier se corrige du défaut que nous signalons, et ses paysages auront encore plus de succès qu'ils n'en obtiennent.

M. Lapito, à force de vouloir faire d'un beau ton, devient souvent monotone ; il répand un glacis jaune sur tous ses paysages, que ce soit une vue de France ou une vue d'Italie. On pourrait dire que M. Lapito manque de couleur locale. La *Vue du couvent de Sainte-Scolastique*, côté du ravin, à Subiaco, a du brillant et de l'effet; mais, grand Dieu! où nous mènent le *Petit port de Camugli et le souvenir de Corse?* Est-ce la nature? ou, à défaut de naturel, trouvez-vous là de la poésie? Impossible de s'y méprendre : l'imagination du peintre a fait en partie les frais du paysage. — *Une fontaine dans les montagnes de Rome* est de beaucoup préférable.

— *Halte et repos de l'armée française sur le plateau du couvent du grand Saint-Bernard, en mai 1800*, tel est le titre de l'immense tableau que M. Eugène Charpentier a composé, et qui, probablement, trouvera sa place dans le Musée de Versailles : tableau historique s'il en fut, dont le sujet seul pourrait assurer le succès, si le talent du peintre n'y suffisait pas. Bonaparte est accompagné du supérieur du couvent, de Murat, d'Eugène Beauharnais, de Lannes, de Marmont et de Lemarrois. Au premier plan, à gauche, les grenadiers du consul, Bessières, le colonel Frère et le capitaine Lejeune ; à droite Duroc, Lauriston et Larrey. On reconnaît tous ces grands personnages dans le tableau de M. Eugène Charpentier. C'est une belle page de l'histoire de l'empire fort bien traduite avec le pinceau.

— Pour avoir des admirateurs quand même, il faut posséder une originalité tranchée ; alors les détracteurs forment le revers de la médaille, et, si le talent est contestable, il sort difficilement vainqueur du combat que ces derniers lui livrent. Ces réflexions nous sont venues en examinant les tableaux de M. Diaz. Pour être impartial à son égard, nous reconnaîtrons toute l'originalité de son talent, et surtout la verve et la spontanéité avec laquelle elle se manifeste. Il ne termine pas trop pour ne pas devenir lourd et perdre le charme d'une admirable esquisse : il termine assez pour que ses tableaux ne puissent pas être considérés comme des ébauches. Toutes les qualités du talent de M. Diaz sont mises en lumière dans les quatre tableaux qu'il a envoyés au Salon cette année : *Bohémiens se rendant à une fête*, le *Maléfice*, la *Vue du Bas-Bréau* dans la forêt de Fontainebleau, et *Orientale*.

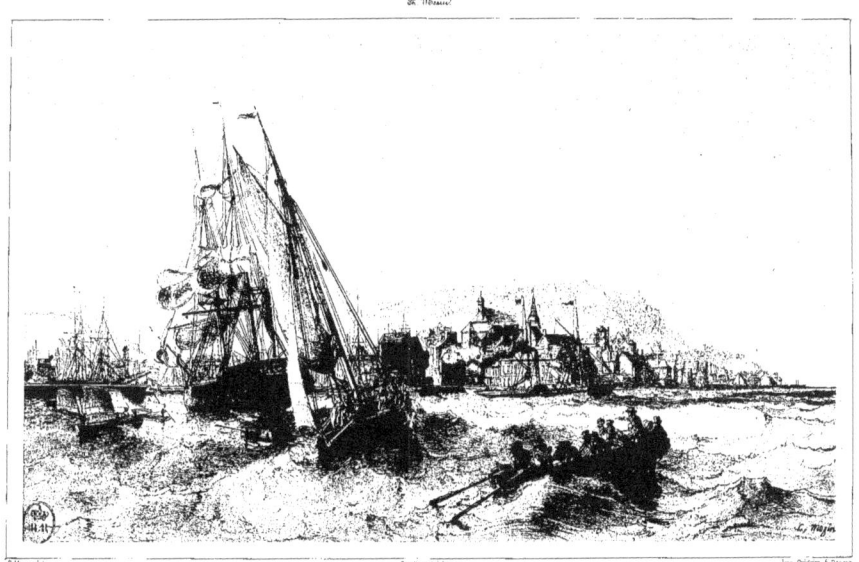

Honfleur

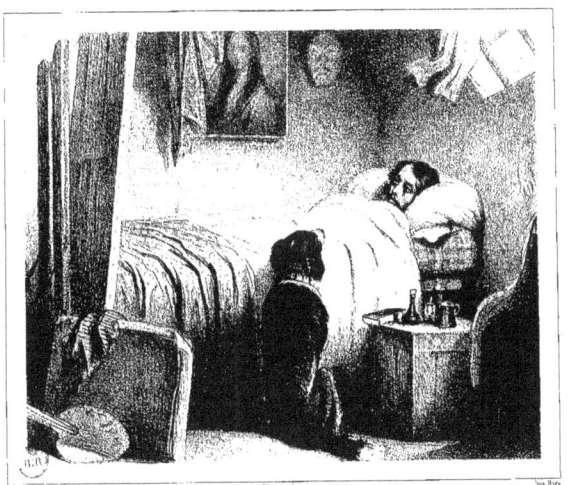

Le dernier regret.

ALOPHE, DUBUFE PÈRE, ÉDOUARD DUBUFE, H. LEHMANN, GUERMANN BOHN, DE L'ETANG, DAVERDOING, BOISCHEVALIER, COMPTE-CALIX, SAVINIEN PETIT, BAUDERON.

Si, en s'arrêtant devant *Bienfaisance, vertu du riche, et résignation, vertu du pauvre*, par M. Alophe, on se rappelle ses premiers tableaux, on reste frappé des progrès de cet artiste. Dans *Bienfaisance*, une jeune femme passe; un malheureux vieillard ayant un enfant sur ses genoux, est là, près d'elle. L'enfant regarde la belle dame avec une expression à demi-douloureuse et à demi-souriante. Elle a pitié de ceux qui souffrent, et va leur donner l'aumône. Cette composition est d'une certaine largeur de pensée qui fait honneur à M. Alophe; elle est surtout gracieuse. La couleur est bonne et le dessin correct. — Le *Dernier regret* et les trois portraits exposés par M. Alophe attestent aussi ses progrès notables. Avec plus de lumière et plus de vigueur dans la touche, M. Alophe tiendra un rang distingué parmi nos peintres.

— La critique se montre quelquefois trop sévère, injuste même, à l'égard de M. Dubufe père, qui a un mérite incontestable; si son talent n'est pas complet, n'est pas sévère, toujours est-il qu'il peint avec grâce et habileté, et que souvent même ses portraits sont de tous points agréables.

— M. Edouard Dubufe va toujours en progressant, comme M. Alophe, et nous lui appliquerons ce que nous avons dit de ce dernier. La *Prière du matin* est une charmante scène de famille, au quinzième siècle, où les costumes du moyen âge sont rendus avec talent. Il y a de l'harmonie dans un assemblage des couleurs les plus variées; seulement, toutes les têtes se ressemblent un peu. *Betzabée*, du même peintre, est une belle étude. M. Édouard Dubufe fera bien de continuer dans ce genre, de chercher la simplicité et la beauté, et d'abandonner un peu la coquetterie dans la forme : il recevra la récompense due à ses travaux. La *Betzabée* est la meilleure toile de M. Édouard Dubufe.

— Le *Portrait de madame la princesse de Belgiojoso*, par M. Henri Lehmann, est le point de mire des critiques les plus acerbes comme des éloges les plus pompeux. Nous nous rangeons du côté des admirateurs, tout en reconnaissant les imperfections de cette peinture. Pour ce qui est de la ressemblance matérielle et morale, — qu'on nous pardonne cette épithète, — elle est frappante; Mme la princesse de Belgiojoso a ce regard à la fois perçant et mélancolique, cette expression tout à fait distinguée et qui révèle son goût pour les travaux ascétiques. L'auteur de l'*Essai sur le dogme catholique* est pâle et rêveuse, et sa frêle constitution fait contraste avec la vigueur de son imagination, avec ses convictions profondes. M. Henri Lehmann n'aurait pu pousser plus loin le sentiment, — redisons-le, la ressemblance morale, — qu'il ne l'a fait ici.

— M. Guermann-Bohn a exposé un bon tableau, *Saint Martin de Tours obtenant par sa prière la résurrection d'un mort*. Cette grande page religieuse, commandée par le ministère de l'intérieur, ornera probablement une de nos églises départementales. Les tons vrais et un peu gris de ce tableau perdent à être placés au Salon, parmi des couleurs éclatantes; mais une belle composition, un dessin correct, une sage exécution le recommandent et le feront apprécier. M. Guermann-Bohn a exposé aussi une tête d'enfant, étude pleine de mérite et de distinction.

— Quant à la correction du dessin, chez M. de l'Etang il n'en faut point parler. *Jésus-Christ marchant au Calvaire* a pour qualité principale le sentiment religieux répandu sur toute la toile. « Or, il était suivi d'une grande multitude de peuple et de femmes qui se frappaient la poitrine et qui le pleuraient. Mais Jésus, se retournant vers elles, leur dit : Filles de Jérusalem, ne pleurez point sur moi, mais pleurez sur vous-même et sur vos enfants. » Ces deux versets de l'Évangile selon saint Luc ont bien inspiré M. de l'Étang, qui a failli dans l'exécution. Cependant la tête de la Sainte-Vierge est belle.

— Sous le prétexte d'un *Baptême de Jésus*, M. Daverdoing nous donne un tableau tout à fait profane, et où l'on chercherait vainement le caractère religieux qui convient à un sujet aussi admirable. Toutefois, le dessin du *Baptême de Jésus* ne manque pas de qualité, et s'il était un peu moins sec et contourné, l'œuvre de M. Daverdoing aurait plus de succès. Nous reprochons aussi à ce peintre un faire qui semble prétentieux.

— L'Évangile dit : « Le diable le transporta sur une montagne fort haute, et, montrant à Jésus tous les royaumes du monde et toute la gloire qui les accompagne, il lui dit : Je vous donnerai toutes ces choses si, en vous prosternant devant moi, vous m'adorez. » Cette *Tentation de Jésus-Christ* a tenté beaucoup de peintres, et M. Félix de Boischevalier est au nombre de ceux qui ont traité ce sujet avec le moins de bonheur. Son tableau est dur d'aspect, et c'est le moindre défaut que nous ayons à y reprendre.

— *Sainte Élisabeth de Hongrie* est un sujet qui prête au génie de la peinture et qui peut inspirer une œuvre à la fois historique et religieuse. On vit la fille des rois sortir en pleurant de son château, descendre seule et à pied le sentier rude et escarpé qui menait à la ville; elle portait elle-même, entre ses bras, l'enfant dont elle venait d'accoucher; les trois autres étaient conduits par ses filles d'honneur, qui la suivaient : c'était en hiver, et le froid était très-rigoureux. (*Histoire de sainte Élisabeth*, par M. le comte de Montalembert.) Tel est le plus touchant épisode de la vie de sainte Élisabeth de Hongrie, que M. Compte-Calix a traité avec un véritable talent. M. Compte-Calix, en gagnant avec le temps de la hardiesse, gagnera aussi de l'habileté à grouper harmonieusement ses personnages entre eux; il mettra plus d'air dans ses compositions. — *La sortie de l'Église*, du même peintre, est un charmant tableau, moins irréprochable que *Sainte Élisabeth*; mais, il faut en convenir, d'une exécution beaucoup moins difficile.

— Qui n'a pas vu de *Descente de croix* dans toute exposition? Qui d'entre les peintres n'a pas peint une *Descente de croix?* Le sujet est beau; cependant, toutes les églises ne possèdent pas une *Descente de croix* convenable. Comme M. Louis

SALON DE 1844
Edouard Dubufe

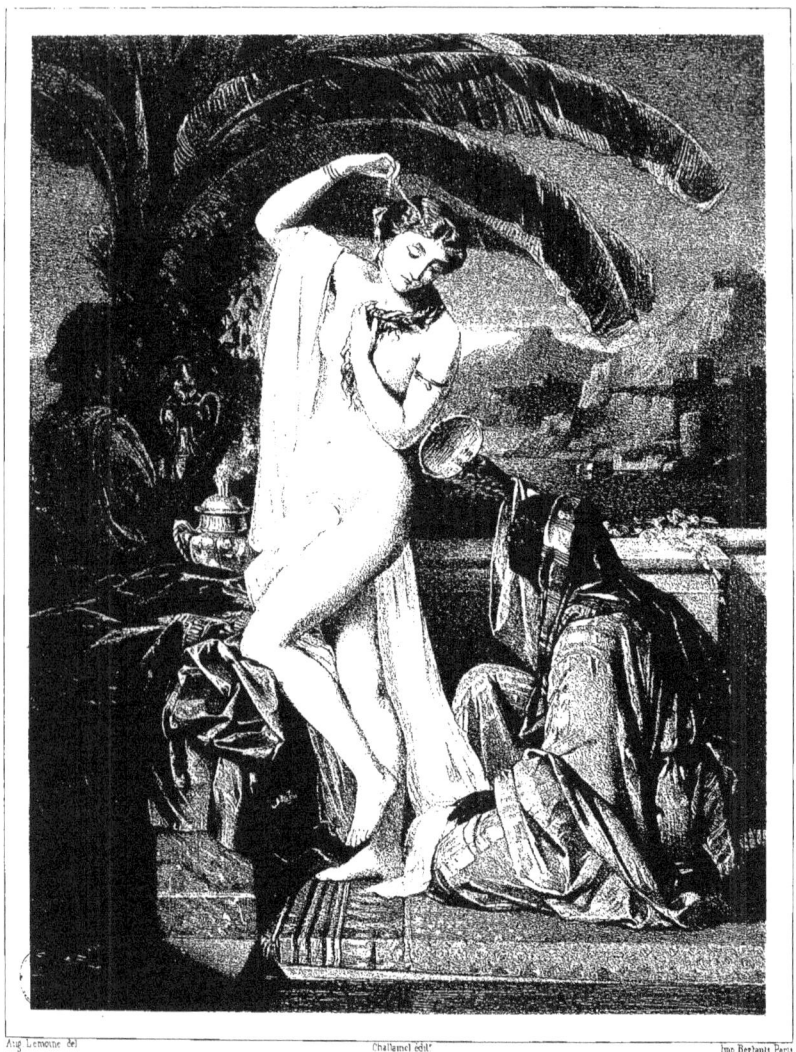

Bethsabée

Boulanger, M. Savinien Petit a peint cette scène de douleur, où la mère du Christ reçut dans ses bras le rédempteur du monde. Ce tableau, commandé par le ministère de l'intérieur, n'en est pas pour cela moins soigné, moins consciencieusement fait, et cela honore le peintre, d'autant que nous ne pouvons adresser pareil éloge à tous ceux qui ont exposé des tableaux officiels. Le tableau de M. Savinien Petit est d'un peintre d'avenir, de volonté, d'originalité, quoique cependant son tableau fasse penser aux peintres primitifs.

— Nous adresserons des éloges à M. Bauderon pour son *Annonciation*, tableau commandé aussi par le ministère de l'intérieur. M. Bauderon a du talent, mais l'étude semble en quelque façon lui faire défaut dans les sujets religieux qu'il traite. La Sainte-Vierge, dans son *Annonciation*, n'a pas une figure assez choisie, assez divine ; la pose de l'ange a du naturel. Comme exécution, les progrès de M. Bauderon sont très-sensibles. Son *Portrait de M. Levassor* est ressemblant.

ZIEGLER, APPERT, A. BIGAND, ÉD. DIRON, DIGOUT, BARD, F. BESSON, H. HOSTEIN, DUCORNET, A. BORGET, OSCAR GUÉ, GUET, GRENIER, VENNEMANN, SCHELFOUT, SÉBRON.

M. Ziegler a, cette année, donné à la religion des allures mondaines ; par bonheur, il n'est pas arrivé, comme beaucoup d'écrivains de nos jours, au matérialisme : il s'est tenu dans de justes limites. Quoi de plus gracieux que *Notre-Dame des neiges?* On conseilla à M. Ziegler de rechercher des formes souples lorsqu'il aurait à peindre des sujets religieux. *Notre-Dame des neiges*, c'est-à-dire « la Vierge aux frimas, » est la mise en pratique des conseils qui lui ont été donnés. « La chapelle de *Notre-Dame des neiges*, aussi appelée le Rigi, se trouve près de l'hospice de ce nom, et fut fondée dans l'année 1689 par Sébastien Zay d'Art. Cet hospice est élevé à 4,035 pieds au-dessus de la Méditerranée. — Après la délivrance de Honfleur, on éleva une chapelle à Notre-Dame des neiges sur le rivage de la Seine, tout près du Havre. » *La rosée répand ses perles sur les fleurs*. Voilà une charmante allégorie, où la volupté se mêle à la poésie, où la grâce s'inspire du sujet même. La pose de la Rosée, personnifiée dans une belle jeune fille, est pleine de grâce et de distinction. M. Ziegler nous paraît s'être préoccupé avant tout de rechercher la grâce dans la simplicité du mouvement. Il y a réussi. Sa figure est d'un beau galbe. La réunion d'une figure nue et d'un paysage verdoyant parsemé de fleurs rendait bien difficile l'harmonie des couleurs dans cette composition si simple en apparence. *Vénitienne* est une charmante étude qui plaît au public et aux artistes. Nous reprocherons surtout à M. Ziegler de ne pas produire davantage.

— Avec M. Eugène Appert, dont la réputation n'est pas aussi grande que le talent, il faut être sévère ; et cela, dans son intérêt. Lorsqu'on fait un tableau tel que la *Vision de saint Ovens*, rempli de qualité de premier ordre, on doit être blâmé d'avoir composé une toile telle que les *Baigneuses dans les lagunes*, pénible et malheureuse imitation de la manière de M. Decamps. Revenant à la *Vision de saint Ovens*, nous

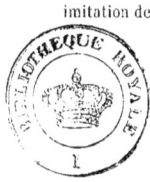

louerons M. Eugène Appert pour sa couleur, pour sa vigueur de modelé. Un des deux anges est maladroitement posé et semble tomber d'un cinquième étage. Quant à saint Ovens, il a une belle et noble figure.

— M. Auguste Bigand, de Versailles, a peint *Saint Théodore et saint Didyme*, tableau recommandable sous beaucoup de rapports, et auquel il ne manque que peu de chose pour être très-bien. M. Auguste Bigand a des tons heureux; beaucoup de parties de son tableau sont fort bien dessinées. Nous conseillons à ce peintre d'étudier davantage les draperies, qui sont d'une très-grande importance dans les compositions religieuses. M. Auguste Bigand est en progrès.

— Est-il un sujet plus touchant que la *Mort de Jeanne d'Arc*, peinte par M. Édouard Diron? Cet artiste a pris au mot le poëte :

Sentant son cœur faillir, elle baissa la tête
Et se prit à pleurer.

Il y a dans la tête de Jeanne d'Arc une mélancolie, et, en même temps, une dignité qui frappe l'imagination du spectateur. Le peintre a fait un tableau digne de la poésie de M. Casimir Delavigne. Certains reflets durs, certains tons trop brillants nuisent à l'ensemble de la composition; mais le dessin rachète ce défaut dans la couleur.

— Un *Liseur*, par M. Joseph Digout, a des qualités éminentes, et plaît singulièrement, tant à cause du motif, simple et intéressant, qu'à cause de la manière dont M. Digout l'a rendu. C'est de la peinture étudiée et agréable. La *Baigneuse surprise par un serpent* est fort bien réussie. Il y a du dramatique dans ce tableau; la baigneuse est remarquablement dessinée.

— M. Bard est un savant qui met dans ses tableaux le fruit des recherches historiques qu'il a faites, et, ne fût-ce que pour cette raison, nous ne pourrions être sévère à son égard. *Alexandre visitant le port de Corinthe* a toutes les allures d'une fresque; mais il faudrait que M. Bard se préoccupât davantage de la perspective. La *Vierge et l'enfant Jésus* est traité d'une façon originale qui n'est pas sans beauté. *Une femme d'Albano en prières* est une bonne étude d'expression, comme *Une odalisque* est une étude gracieuse.

— A première vue, les tableaux de M. Faustin Besson font preuve d'originalité dans le talent de cet artiste, et l'originalité est chose rare aujourd'hui. Le *Prélude* est d'une charmante composition et d'une exécution heureuse. Le personnage placé sur le devant a une pose fort naturelle; les autres font tableau aussi bien que possible. M. Faustin Besson est coloriste; qu'il se préoccupe de la forme et de la composition, et son talent y gagnera beaucoup. Les *Enfants maraudeurs* sont d'une belle couleur. Quant au *Portrait de madame C. B...*, il est peint avec habileté.

L'envoi de M. Hostein a une importance extrême, et, de ses trois toiles, les *Rives de l'Albarine* (Bugey), sont sans contredit la meilleure. Dans les *Rives de l'Albarine*, ce qu'il faut remarquer avant tout, c'est l'effet du tableau, obtenu par la disposition même de la vue. Une légère vapeur remplit les fonds; les premiers plans, traités avec

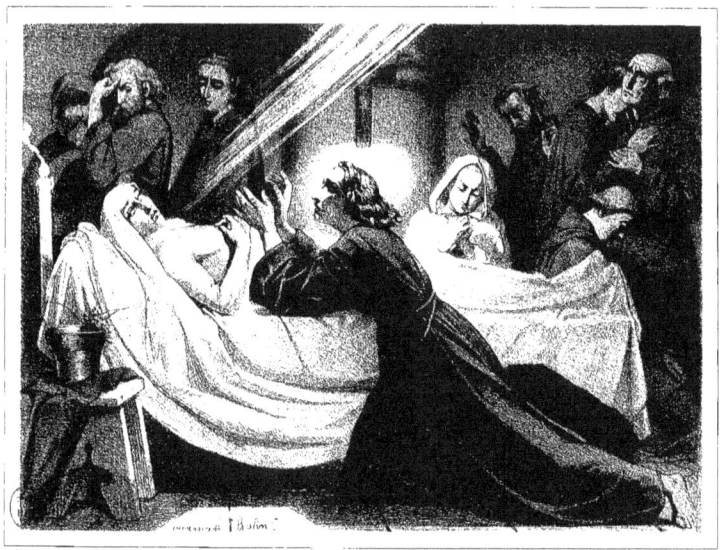

Saint Martin de Tours obtenant par sa prière la resurrection d'un mort.

un grand soin, ont une vigueur de végétation vraiment admirable. Sur le devant, des plantes charmantes reposent les yeux. La *Vallée de la Saône*, aux environs de Lyon, pour avoir un peu moins de charme que les *Rives de l'Albarine*, mérite presque autant nos éloges pour la manière dont elle est peinte. Les cimes neigeuses du Mont-Blanc et le Mont-d'Or ont un aspect ravissant. Les *Rives de la Saône*, près de l'île Barbe (environs de Lyon), nous ont satisfait moins; mais on y reconnaît toujours le talent de M. Édouard Hostein.

— Si M. Ducornet était un artiste travaillant avec ses deux bras, nous lui devrions des éloges pour les portraits de femme qu'il a exposés; mais M. Ducornet est *né sans bras*; ses ouvrages sont des tours de force : passables, ils auraient droit à notre indulgence; remarquables, ils ont droit à notre admiration. Les deux portraits envoyés cette année par M. Ducornet peuvent être mis au nombre des bons portraits qui soient au Salon. Couleur et dessin, tout nous en plaît, et nous ne leur reprocherons qu'un peu de mollesse et d'incertitude dans la forme.

— A l'heure qu'il est, quand la Chine fait le sujet de toutes les conversations européennes, il est impossible de ne pas parler de M. Auguste Borget, qui illustra dernièrement la *Chine et les Chinois*. Sa *Vallée de l'Acacongua* est un joli paysage : les gahutchos sont groupés avec art. Sa *Mosquée dans le territoire d'Assam* plaît moins, sans avoir pour cela moins de mérite. M. Auguste Borget doit étudier le dessin qui donne aux paysagistes l'entente des belles lignes. Sa couleur est chaude, comme il convient aux sites qu'il retrace.

— Deux charmantes petites toiles historiques ont été exposées par M. Oscar Gué : l'une, intitulée *Blanche de Castille*, se rapporte à l'éducation de saint Louis; l'autre, intitulée *Jeanne d'Albret*, se rapporte à l'enfance de Henri IV. Ces deux tableaux se valent par le sujet, par la composition et par l'exécution. La *Distribution d'aumônes à la porte d'un couvent*, du même peintre, est plus gracieusement composée que peinte; les figures ont beaucoup d'animation. L'*Attente* ne dément pas l'intelligente facilité de M. Oscar Gué.

— Un profond sentiment gracieux ou poétique se répand sur toutes les compositions de M. Guët, sentiment non recherché, mais qui découle de source et donne plus de prix aux sujets que le peintre a choisis. La *Madeleine* a un caractère religieux bien senti et d'une bonne exécution, et la *Lecture* est poétique, aussi véritablement poétique que l'*Automne*. La *Prière* est une tête d'étude d'un bon style; enfin, le *Portrait de Mme la comtesse S......* a de hautes qualités. On voit que le critique peut, avec M. Guët, se contenter d'énumérer.

— Avec M. Francisque Grenier, notre tâche devient facile et agréable; nous n'avons qu'à louer sans réserve, presque sans restriction. Qui ne serait profondément ému en voyant les *Derniers adieux de Napoléon à son fils?* Le 25 janvier 1815, Napoléon, après avoir travaillé toute la nuit et brûlé ses papiers les plus secrets, au moment de partir pour l'armée, fit demander de grand matin l'impératrice et le roi de Rome, qu'il embrassa tendrement pour la dernière fois. Cette scène touchante et pleine d'intérêt a été parfaitement rendue par M. Grenier, qui, d'ailleurs, nous a accoutumé à voir de charmants tableaux sortis de son atelier. Que nos lecteurs se rappellent ce que nous avons dit de cet artiste dans notre revue du *Salon de* 1840. Ses tableaux sont autant de petites *nouvelles*; il reproduit des intérieurs villageois, des scènes champêtres, des faits aussi simples que propres à inspirer un peintre de sentiment. *La récolte des pommes* peut passer pour être un petit chef-d'œuvre.

— Un *Concert rustique* nous serait fort agréable à entendre, s'il était aussi harmonieux que bien retracé dans le tableau de M. Charles Venneman, d'Anvers. La couleur appartient à l'école flamande, et plusieurs figures rappellent les belles œuvres des maîtres; seulement, M. Charles Venneman devra mettre plus d'air dans ses prochains tableaux; le manque d'air ôte beaucoup de prix à tous ses accessoires travaillés avec soin et conscience.

— Un peintre de La Haye, M. André Schelfhout, a envoyé *Un hiver en Hollande*, ravissante toile d'une grande vérité, et dont les détails sont traités avec un talent hors ligne. Nous sommes heureux d'avoir tant d'éloges à donner à un étranger, et nous nous empressons de proclamer sa valeur. L'*Hiver en Hollande* ne sera pas assez apprécié de tout le monde, c'est pour cela que nous le signalons aux connaisseurs [1].

— Les intérieurs ont peu d'attraits par eux-mêmes, mais lorsqu'ils sont peints avec une supériorité telle que celle de M. Hippolyte Sébron, le public y prend goût aussitôt. Il s'arrête longtemps devant la *Vue intérieure de la chapelle de Saint-Georges, à Windsor*. La vue est prise du côté de l'autel, et l'on voit toute la partie de la chapelle choisie pour l'office du service divin et pour la cérémonie de l'installation des chevaliers de la Jarretière. Ce tableau est fait avec un soin, une conscience et une habileté extraordinaires. Certainement, l'exactitude en doit être parfaite, parce que les détails sont aussi soignés que tout l'ensemble. Une vue d'un autre genre, c'est la *Vue du château de Neuilly*, par le même peintre. L'effet de clair de lune est heureusement rendu; le ciel a beaucoup de transparence, et la façade du château, qu'on aperçoit sur la gauche est peinte avec un mystérieux parfait. Cette *Vue du château de Neuilly* appartient au roi.

[1] Nous avons vu un dessin de M. Schelfhout dans la seconde édition de l'*Album cosmopolite*, ouvrage important dont nous croyons devoir donner ici le titre complet : *Album cosmopolite*, choix de sujets historiques, paysages, marines, scènes de mœurs, costumes, etc., etc.; tous originaux, dessinés par les principaux artistes de l'Europe, et augmenté de beaux dessins et de très-rares autographes d'après les premiers artistes de l'Amérique, accompagné de textes et fac-simile d'autographes de souverains, princes, ministres, savants, artistes, etc., extraits des collections de M. Alexandre Vattemare. — L'*Album cosmopolite* (seconde édition) est plus complet encore que le premier, car M. Vattemare l'a augmenté de magnifiques dessins des principaux artistes de l'Amérique, et de très-rares autographes. Cette nouvelle édition est le plus curieux ouvrage que l'on ait peut-être jamais publié. Prix des deux volumes, contenant 120 planches in-4 avec texte : 60 fr. papier blanc; 75 fr. papier de Chine.

SALON DE 1844
J. Ziegler

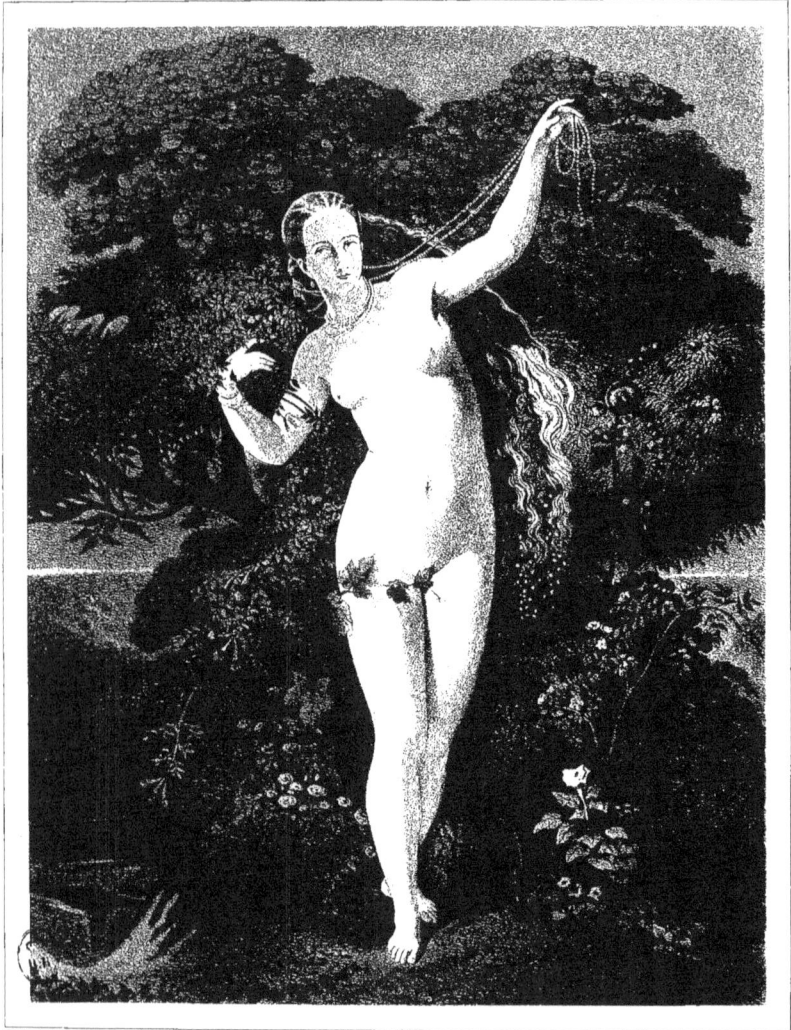

La rosée répand ses perles sur les fleurs

FLERS, BARRY, DURAND-BRAGER, TH. JUNG ET DESPINASSY, JANET-LANGE, CH. LANDELLE,
AUG. GENDRON, THOMAS SÉBASTIANI, GASPARD LACROIX, ALEX. DEBACQ, WILLEMS.

Personne plus que M. Flers n'a un style tout particulier; personne n'est plus reconnaissable que lui à la première inspection de ses tableaux. Sa *Vue des environs des Prés Saint-Gervais* est charmante; et, quant à l'exactitude, nous pouvons dire aux amateurs, sans les blesser : Allez voir. Nous avons parcouru toute la Normandie, et nous avons su dès l'abord, en regardant les paysages placés sous les nºˢ 688 et 689, qu'il s'agissait d'une *Vue prise à Moulineaux, près de la Bouille*, et d'une *Vue prise à Brisepot, près d'Aumale*. Outre le mérite de ressemblance, car on peut appliquer ce mot aux paysages comme aux portraits, M. Camille Flers possède aussi la science des détails caractéristiques; aussi les deux vues de Normandie, que nous venons d'indiquer, ne pourraient être confondues avec les *Environs de Dunkerque*, où la campagne flamande est reproduite avec une rare fidélité.

— Le nom de Dunkerque nous amène à parler de quelques marines. M. Barry en a exposé de belles, dans lesquelles il ne manque que ce dont M. Gudin est trop grandement pourvu, la crânerie du pinceau. Le *Chantier de construction, à Marseille, lors de la mise à l'eau du navire le Comte de Paris*, est un joli tableau de marine-genre; le *navire ensablé devant la plage de Mont-Redon*, aux environs de Marseille, produit moins d'effet avec plus de qualités au point de vue de l'art. Les *Navires en rade complétant leur approvisionnement*, sont peints avec adresse et avec une profonde connaissance de la marine. Quant à l'*Effet de clair de lune*, nous ne lui trouvons pas tout à fait assez d'harmonie et de mystère.

— La science de la peinture maritime est le partage de M. Durand-Brager, qui, sous ce rapport, n'a que peu de rivaux. Ce peintre a sans doute beaucoup voyagé, beaucoup fréquenté les marins, et recueilli des notions certaines, car les détails surtout sont chez lui irréprochables. Sa *Vue de Rio Janeiro*, prise du mouillage des frégates, doit briller par l'exactitude, mais nous nous avouons incompétents pour décider la chose. Toutefois, la ligne d'horizon manque un peu d'air, et si M. Durand-Brager avait éclairci davantage les teintes qui l'avoisinent, l'effet serait meilleur. Le principal tableau de ce peintre est le *Combat de la frégate le Niémen*, etc., grande toile où la science de M. Durand-Brager se montre tout entière; malgré sa mauvaise position à l'ombre, lorsque la lumière serait nécessaire pour faire ressortir les vaisseaux qui combattent, ce tableau gagne encore à être examiné à loisir, à être étudié. C'est une œuvre remarquable de marine historique.

— Après avoir lu la note qui suit l'explication que donne le livret sur la *Bataille de la Corogne*, par MM. Théodore Jung et d'Espinassy, on n'a plus qu'à s'occuper de l'exécution même du tableau. Il a été composé, dit la note en question, « d'après des dessins fort exacts, envoyés de la Corogne vers la fin de 1843. » Donc, rien à dire de la disposition des groupes; mais quant à l'exécution, c'est différent, et nous ne pardonnerons pas à MM. Théodore Jung et d'Espinassy d'avoir mis si peu de mouvement dans leur œuvre. Le bulletin de la bataille en dit beaucoup plus que leur tableau.

— On ne peut nier qu'il y ait du talent dans l'*Abdication de Napoléon à Fontainebleau*, par M. Janet-Lange. Ce douloureux fait historique a inspiré l'auteur, et s'il avait mis plus de noblesse sur la figure du héros, son tableau serait sur presque tous les points irréprochable. Sous le rapport de la couleur, nous félicitons M. Janet-Lange il y a progrès sur ses œuvres précédentes.

— Ces charmants vers de M. Victor Hugo :

> Allez, allez, ô jeunes filles!
> Cueillir des bluets dans les blés,

ont inspiré l'idylle de M. Charles Landelle; les beaux vers de M. de Lamartine :

> La mort m'a tout ravi, la mort doit tout me rendre ;
> J'attends le réveil des tombeaux,

ont inspiré l'élégie. De ces deux sujets si différents, nous trouvons que M. Charles Landelle a mieux traité le premier. Il y a plus de charme véritable dans l'élégie que dans l'idylle. Toutefois, ces deux tableaux ont beaucoup de poésie et de grâce.

— Une des toiles les plus remarquées du Salon est le *Dante commenté en place publique*, par M. Auguste Gendron. La composition en est fort bonne, les figures expriment parfaitement l'attention. Les deux femmes qui écoutent à gauche, ont, l'une une belle tête de profil, et l'autre une belle tête de face. M. Auguste Gendron devra se préoccuper, avant tout, du coloris, et la réputation et le succès pour cet artiste ne se feront pas longtemps attendre.

— Comment M. Thomas Sébastiani n'a-t-il pas mieux réussi en peignant les *Derniers adieux de François Bussone, comte de Carmagnole, à sa famille*? On sait l'histoire de ce fameux comte, délaissé par le duc de Milan après lui avoir reconquis ses états. Exilé, puis rappelé pour être arrêté et jugé par le conseil des dix, François Bussone fut condamné à mort. Il fut exécuté en 1432. Sa femme, sa fille et le prince Gonzaga, son ami, reçurent tous trois ses derniers adieux. La tête du comte n'a pas d'expression assez sentie dans le tableau de M. Thomas Sébastiani ; nous préférons celles des autres personnages. Toute la composition, d'ailleurs, est faible, ce qui ne veut pas dire qu'elle soit sans mérite. M. Sébastiani dessine correctement ; sa couleur manque un peu de franchise de ton.

— S'il continue dans la route qu'il a entreprise, en se corrigeant de quelques défauts provenant de la nature même de son talent, M. Gaspard Lacroix fera honneur à notre école française. Les *Laboureurs*, que l'artiste a reproduits lui-même pour notre Album, est un paysage parfaitement bien composé. Au reste, comme ici nous serions juge et partie, nous laisserons nos lecteurs prononcer eux-mêmes, après leur avoir cité le beau passage de *Jocelyn*, dont M. Gaspard Lacroix s'est inspiré :

> Mais le milieu du jour au repos les rappelle ;
> Ils couchent sur le sol le fer; l'homme détèle

SALON DE 1844

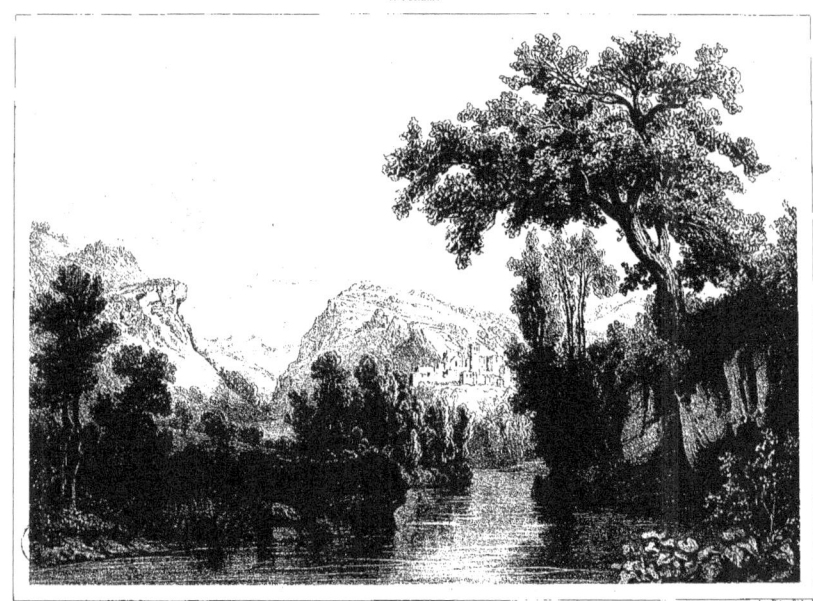

Rives de l'Albarine
(Bugey)

> Du joug tiède et fumant les bœufs, qui vont en paix
> Se coucher loin du soc, sous un feuillage épais;
> . . . .
> Le repas achevé, la mère, du berceau
> Qui repose couché sous un sillon nouveau,
> Tire un bel enfant nu qui tend les bras vers elle,
> L'enlève, et, suspendu, l'emporte à sa mamelle,
> L'endort en le berçant du sein sur ses genoux,
> Et s'endort elle-même, un bras sur son époux;
> Et sous le poids du jour la famille sommeille.
> . . . .
> Et les anges de Dieu d'en haut peuvent les voir,
> Et les songes du ciel sur leurs têtes pleuvoir!

Promenade sur l'eau, par le même artiste, a des qualités; M. Gaspard Lacroix ne produit pas assez, et ne se livre pas assez aux élans de son imagination. Ce reproche, par le temps qui court, a tout à fait l'air d'un éloge.

— A peine âgé de douze ans, Callot, entraîné par son goût passionné pour le dessin, quitta furtivement la maison de son père, gentilhomme lorrain, et entreprit de se rendre en Italie. Les difficultés qu'il rencontra l'obligèrent à se joindre à une troupe de Bohémiens avec lesquels il fit le voyage. Tel est le sujet du tableau de M. Alexandre Debacq, tableau charmant de composition et d'une couleur agréable. L'ensemble en est bien ordonné, et une lumière habilement ménagée donne à cette toile un charme tout particulier. L'*Enfance de Callot* est un digne pendant à l'*Enfance de Montaigne* exposée par M. Debacq il y a quelques années.

— M. Florent Willems a exposé deux fort jolis tableaux d'un sentiment tout à fait opposé, et qui dénotent de l'une comme de l'autre la variété dans son talent. *La Fête des arbalétriers* est une composition de style flamand, où nous retrouvons beaucoup de ces détails qui ont valu tant de réputation aux peintres de cette école. Dessin et couleur, tout a de la vérité. Ce qui fait surtout remarquer la *Visite à la nourrice*, second tableau de M. Florent Willems, c'est le sentiment qu'on y remarque et la disposition des personnages. Avec un mérite comme celui de ce peintre, on est sûr d'arriver à la célébrité.

THÉOPHILE BLANCHARD, ESBRAT, BOHM, SCHOEFFER, CASATI, ALPHONSE MONTFORT, LAURENS, TOUDOUZE, BALFOURIER, GOURLIER, LÉON FLEURY, RÉMOND, ÉMILE LONCLE.

La *Vue prise sur les bords de l'Oise*, par M. Théophile Blanchard, a des qualités qu'obscurcissent des détails par trop négligés. La *Vue prise à Noisy* est d'un effet saisissant. M. Théophile Blanchard appartient à cette école des paysagistes qui *corrigent* la nature, et qui ne manquent pas, cependant, de la traduire avec talent.

— M. Esbrat affectionne la peinture simple, qui est remplie d'un charme modeste et tout entier dû au naturel. Son *Souvenir du lac de Brienz, dans le canton de Berne* (Suisse), nous permet de prédire à M. Esbrat un rang honorable parmi nos paysagistes;

mais nous lui conseillons d'éviter la multiplicité des plans, défaut du paysage classique, qu'excuserait seule une merveilleuse entente des lignes.

— Les tableaux de M. Auguste Bohm sont d'un bon sentiment de couleur et d'une grande qualité de lumière. Soit que nous regardions ses *Environs de Limours* (Seine-et-Oise), soit que nous nous arrêtions devant son *Souvenir de Maurepas*, nous demeurons satisfait, et cependant ces tons, malgré leur vérité, sont un peu trop clairs. Il faut engager M. Bohm à rechercher la forme.

— Les paysages de M. Francisque Schœffer sont bien disposés, et les fonds ont une bonne couleur. Ses trois paysages *composés* ne pèchent que par le faire, qui est timide; le *Souvenir de la vallée de Royat* (Puy-de-Dôme), est une charmante vue dont les dessous d'arbres sont un peu roux. Somme toute, il y a un véritable talent chez M. Francisque Schœffer; mais ce talent cherche encore, et, avec des études bien dirigées, nous ne doutons pas qu'il ne se corrige de ces quelques défauts que nous venons de signaler.

— Certainement, M. Alexandre Casati a un faible très-fort pour représenter les fêtes. L'Italie et la Sicile, dont les habitants sont gais et riants, l'ont bien inspiré. *La fête de sainte Rosalie*, à Palerme; *la Fête de Piedigrotta*, à Naples, sont deux toiles fort agréables, où le mouvement ne fait point défaut, où cependant le peintre a évité la confusion des personnages. La couleur de ces deux tableaux est heureuse; sa *Vue prise à Ischia* (royaume de Naples), a de la grandeur sans doute. Toutefois, M. Alexandre Casati nous paraît devoir réussir davantage dans les scènes populaires, parce qu'il possède, avant tout, le pittoresque des groupes.

— Peu de vues ont plus de charme que la *Vue générale du village de Nazareth, en Galilée*, par M. Alphonse Montfort; non-seulement la couleur en est bonne, mais encore le point de vue est bien choisi. Le groupe d'hommes, de chameaux et de bœufs a de l'animation; et, principalement, la légèreté des tons dans le ciel, la grandeur et la transparence de l'horizon, font de ce tableau une charmante page.

— A en juger par ses *Environs de Vaucluse*, M. Jules Laurens promet d'être un paysagiste tout à fait remarquable. L'effet de son tableau est bon, lumineux, et cependant M. Jules Laurens devra se garder de l'uniformité. Ce jeune peintre a copié la nature, ses tons sont chauds et brillants dans son tableau, qui reproduit bien nos campagnes méridionales par excellence.

— *Pâturage en Sologne*, par M. Émile Toudouze, ne manque que d'expérience. Si la ligne qui sépare les terrains de l'horizon avait plus d'air, ce tableau serait le meilleur de M. Émile Toudouze, car la couleur en est vraie et les arbres sont bien peints. L'*Entrée de village* nous plaît moins. M. Émile Toudouze marche dans la même voie que M. Français, en se préoccupant autant des terrains que le fait M. Achard. Du travail encore, et il parviendra à une originalité tranchée.

— Il y a moins de vigueur que de conscience dans les paysages de M. Adolphe Balfourier. Trois *Vues* prises sur le lac ou sur les bords du lac de Lugano, ont du charme, et pèchent par l'unité dans le travail. Les premiers plans imitent les premiers

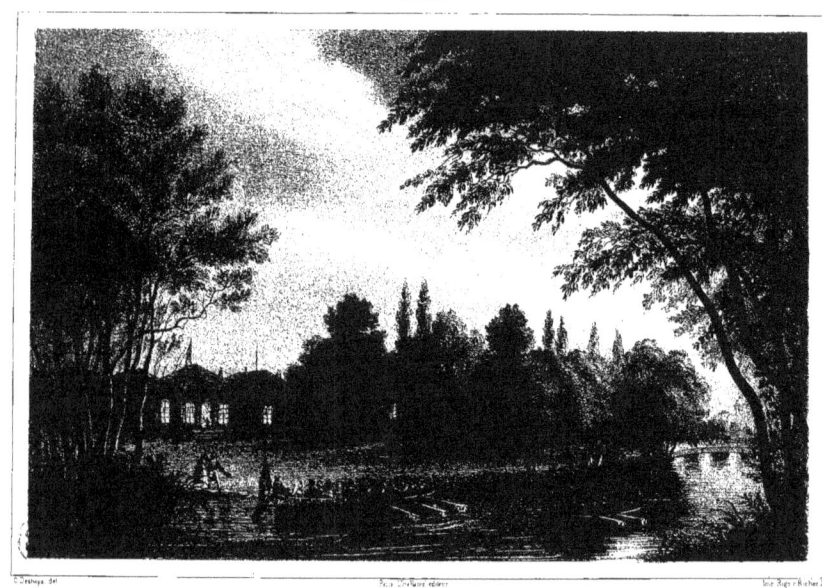

Vue du Château de Neuilly

plans de M. Léon Coignet; les fonds imitent ceux de M. Aligny. Comme M. Toudouze, M. Balfourier cherche encore; son talent ne tardera pas à se poser. Les *Maisons sur le Tessin, à Giornico*, sont réussies.

— L'*Enfance de Bacchus*, par M. Paul Gourlier, est composée avec goût. Le paysage est romantique et bien peint ; seulement, M. Paul Gourlier a découpé trop son feuillage. Son autre *paysage* est d'une exécution meilleure. Ce peintre possède la science d'arrangement des plans.

— Dans sa *Vue des bords de la Marne aux environs de Saint-Maur*, et dans sa *Vue de Menton* (Monaco), M. Léon Fleury a déployé de rares qualités, soit sous le rapport de la disposition de ses tableaux, soit sous le rapport de la couleur. La *Vue de Menton*, principalement, est pleine d'intérêt et de charme, mais nous engageons M. Léon Fleury à se défaire d'une sorte de *pointillé* dont il se sert habituellement. Un peu plus de largeur dans sa peinture donnerait plus d'effet à ses tableaux.

Huit toiles forment l'exposition de M. Rémond; tout cela est bien peint, bien arrangé, et tout cela manque d'un je ne sais quoi qui donne de la valeur aux œuvres de l'esprit. Et cependant on ne peut méconnaître le talent de M. Charles Rémond ; il faut accuser la fatale route qu'il a suivie, si le résultat de ses études n'est pas satisfaisant. Ses huit tableaux, inspirés par l'*Italie* et la *Sicile*, sont-ils des vues exactes ? Nous ne le croyons pas : dans M. Charles Rémond, quoi qu'il fasse, le paysagiste d'*histoire* perce toujours.

— Les extrêmes se touchent dans nos revues de l'exposition ; nous venons de parler de M. Charles Rémond, dont l'expérience est la première qualité, et maintenant nous nous occupons de M. Émile Loncle, qui ne pèche guère que par la jeunesse et l'inexpérience. Le *Souvenir du lac de Garda* (Italie) est bien de couleur. M. Émile Loncle, tout nous porte à le croire, aura un jour du style.

— M. Joseph Thierry a exposé un *paysage* qui mérite toute notre attention à cause de son originalité. Les terrains sont effondrés par la pluie, les arbres viennent de secouer leur chevelure, le ciel charrie des nuages noirs et menaçants. Tout l'effet de ce paysage est rendu avec vérité, et en même temps avec poésie. M. Joseph Thierry a une manière de feuiller qui n'appartient qu'à lui ; elle est, sous beaucoup de rapports, préférable à la manière ordinaire ; mais elle a le défaut d'amener une certaine confusion dans les groupes d'arbres, et de ressembler un peu aux herbes des terrains. Comme couleur et comme effet, le paysage de M. Joseph Thierry est magnifique.

ÉDOUARD CIBOT, CAROUGET, DE RUDDER, LOUIS D'ANTHOINE, CONSTANT MISBACH, VERBOCKOVEN, LOUIS ROBBE, AMIEL, BROSSARD, CASIMIR DE BALTHAZAR, JEANRON.

Cette année, M. Édouard Cibot nous offre de la peinture religieuse, et il n'y réussit pas moins que dans les sujets historiques. Son tableau, que nous appellerons symbolique, et qui a pour titre : *La divinité se révèle à Jésus à l'âge où la raison commence à paraître dans les autres enfants*, est exécuté avec sagesse et sobriété de moyens d'effet; aussi, la peinture en est large et sérieuse. *La Vierge et l'Enfant Jésus endormi*, du même peintre, ne manquent pas non plus de caractère religieux. M. Édouard Cibot devra se préoccuper du relief à donner aux personnages qu'il place dans ses tableaux, car leur animation en dépend. Le dessin de M. Édouard Cibot est correct, sa couleur est plus vraie que brillante. Pour nous, qui préférons la vérité au faux éclat, nous ne pouvons méconnaître les progrès de ce peintre, et l'heureux résultat de son voyage en Italie.

— Voici un autre *Saint Sébastien percé de flèches et secouru par les saintes femmes*. Cette œuvre de M. Ernest Carouget ne manque ni de grandeur ni d'élévation, les poses ont de la noblesse, et la composition, quoique un peu restreinte, a des qualités réelles. Les *saintes femmes* ont la douleur peinte sur leur figure, douleur profonde qui ne s'exprime pas par des gestes dramatiques, mais par une contraction de leurs traits admirablement rendue.

— La *Mission divine* est un symbole magnifique. Le Sauveur fait disparaître de la terre les ténèbres de l'erreur par la lumière de la vérité qui accompagne ses pas. Tel est le sujet traité par M. de Rudder, qui a été bien inspiré par ces admirables paroles de saint Augustin : « Le Seigneur, portant sa croix sur ses épaules comme la marque de sa dignité royale, nous l'a laissée afin que nous y mettions toute notre gloire. » La composition de M. de Rudder est réussie; mais il y a un peu de sécheresse dans la couleur, défaut heureusement racheté par de belles études de têtes et de très-belles parties.

— *Le salam*, par M. Louis d'Anthoine, ne doit pas être jugé sévèrement, parce que c'est une œuvre sans prétention, traitée avec esprit et habileté. *Une Vénitienne* a un certain naturel qui charme les regards et attire.

— M. Constant Misbach a fait des progrès. *Jésus, montant au Calvaire, tombe accablé sous le poids de sa croix*, est le meilleur tableau que ce peintre ait exposé jusqu'à présent. Il trouvera sa place dans une de nos églises.

— M. Brascassat s'étant reposé, MM. Verboeckhoven et Louis Robbe ont toute la renommée pour les tableaux d'animaux. M. Eugène Verboeckhoven a exposé des *Animaux au repos dans la campagne de Rome*, et *Animaux hollandais*; vaches, moutons et canards, n'ont que le défaut d'être un peu singulièrement posés, et surtout d'être trop finis pour des tableaux de si grande dimension. *Un jeune taureau, avec une génisse et trois moutons*, ont beaucoup de mérite, mais le paysage est trop froid; quoiqu'il soit pris aux environs de La Haye, où la campagne est triste, nous croyons que M. Verboeckhoven a poussé à l'exagération. Les trois autres tableaux du même peintre ne sont pas inférieurs sans doute à ceux dont nous venons de parler, mais leur importance est beaucoup moindre. *Italiens en prière devant une madone*, ont de la vérité; l'*Intérieur d'une étable* est une bonne étude de mouton; enfin, l'*Intérieur d'une forêt*, où se trouvent un pâtre italien et des moutons, a des tons lourds et peu harmonieux.

— Nous ne voudrions pas décider lequel des deux l'emporte de M. Louis Robbe ou de M. Verboeckhoven; cependant, nous préférons les trois tableaux du premier à ceux

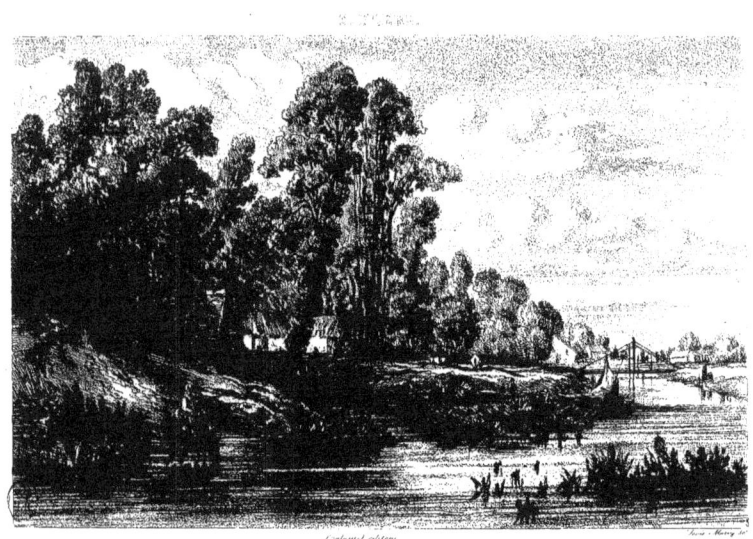

Environs de Dunkerque (Flandre)
SALON DE 1844

du dernier. Ceci, pour être notre opinion personnelle, ne saurait porter atteinte à l'auteur du *Jeune taureau*. M. Louis Robbe, dans sa *Prairie, vue prise en Flandre, dans les Poldres*, a fait preuve de grand talent. Sa *Bergerie, vue prise près de Dinant*, est peinte avec plus de bonheur encore, malgré la confusion qui existe dans la composition. Le *Paysage avec bestiaux, vue prise aux Ardennes*, est charmant sous tous les rapports. Il manque à M. Louis Robbe l'assurance du pinceau, la science complète de l'ajustement, mais sa peinture a de la largeur. Un bel avenir est ouvert à lui.

— *Mazeppa poursuivi par des loups* est un bon tableau comme paysage et comme figures. M. Louis Amiel a bien traité ce sujet, banal à peu près autant que les descentes de croix. Il y a de l'éclat dans le coloris, de la pureté dans le dessin. Que demander de plus à M. Louis Amiel? Deux études de chevaux, par le même, ont fixé à juste titre notre attention. *Physician, cheval étalon pur sang* (race anglaise), est peint d'après nature, et avec une science remarquable d'anatomie. *Émelina*, tête d'étude de poulinière de pur sang, nous plaît moins, sans que nous en accusions le peintre. *Physician* est plus beau qu'*Émelina*, c'est à cela que peut se réduire toute notre critique.

— Les portraits de M. André Brossard sont remarquables. Le *Portrait en pied de M. M...* est largement peint, et ressemble; celui de M. G... pèche un peu par la couleur; au contraire, les *Portraits en pied d'une dame et de sa fille* sont presque irréprochables. Dans cette dernière toile, la femme a une magnifique robe de velours vert, rendue avec un art complet d'imitation; les accessoires de ces deux portraits sont bien faits et bien disposés. M. André Brossard paraît vouloir garder une spécialité, celle de portraitiste; le succès couronnera ses efforts. Qu'il prenne garde, néanmoins, de tomber dans le faux goût si fort à la mode aujourd'hui dans le genre-portrait.

— Quant à M. Casimir de Balthasar, l'unique portrait qu'il ait exposé, qui est un portrait de femme, est aussi remarquable que celui de Mgr *l'évêque de Gap*, que nous avons vu en 1842. Peut-être l'expression de figure de Mme S... n'est-elle pas tout à fait assez saisissable. Le dessin de M. Casimir de Balthazar est vigoureux. Nous attendons de lui des tableaux, des compositions, c'est alors que nous assoirons mieux notre jugement.

— Ce que certaines gens appellent fougue chez M. Jeanron est tout simplement de l'inspiration. Le *Portrait de M. Mala* se fait distinguer par une touche vigoureuse et non cherchée, qui traduit la nature avec le plus d'exactitude possible. Quand verrons-nous quelque toile importante de M. Jeanron? Le commentateur du *Vasari* a commencé trop brillamment sa carrière de peintre pour disparaître ainsi de l'arène.

Murat, Schopin, Emile Signol, Serrur, Ch. Gomien, Pérignon, Pichon, Léon Viardot, Mme Louise Desnos, Mme Eugénie Grun.

Un lauréat de l'institut, M. Jean Murat, mérite peu nos éloges pour ses *Lamentations de Jérémie*, tableau où se remarquent certainement des qualités, mais dans lequel il y a trop de malheureux défauts. M. Murat recherche trop peu la forme, et ses compositions ont une apparence d'effet trop peu réalisé ; cependant, dans les *Lamentations de Jérémie*, il y a un effet de lumière bien entendu ; tout le groupe des personnages qui occupent le centre du tableau est disposé avec goût. Cette toile de M. Murat est bien inférieure à *Agar dans le désert*, sous le rapport de la couleur et sous celui de la composition. Pour s'en convaincre aisément, il suffit d'aller dans la galerie des gravures et de regarder l'œuvre de M. Murat, gravée avec talent par M. Alexandre Manceau.

— Nous reprochons bien des choses à M. Schopin : son *Don Quichotte et les filles d'auberge*, ce petit tableau, inspiré par Cervantes, manque de caractère autant que sa *Virginie au bain*, autant que ses deux sujets sur *Manon Lescaut*, autant que ses deux sujets sur les *Mystères de Paris*. Certainement, M. Schopin a de l'habileté et du faire ; mais il ressemble à ces acteurs qui sont toujours les mêmes. Quel que soit le sujet qu'il traite, ses moyens ne changent jamais.

M. Emile Signol a exposé deux portraits historiques qui ne nous permettent pas de douter que son talent ne soit multiple, et ne puisse briller même à peindre les chevaux. Le *Portrait équestre de Godefroy de Bouillon* et le *Portrait équestre de saint Louis* sont des toiles de mérite. Les deux autres portraits non équestres de M. Émile Signol plaisent à tout le monde.

— A M. Serrur nous ne reprochons que l'insuffisance de verve, car son *Dévouement d'un bourgeois d'Abbeville* renferme d'excellentes parties. Le fait qu'il a traduit sur la toile est une des plus belles pages de l'histoire de la bourgeoisie en France. Les Anglais s'étaient emparés d'Abbeville ; un bourgeois nommé Ringois refusa de les aider à dominer ses concitoyens : il fut enlevé et conduit, chargé de chaînes, à Douvres. On le plaça sur le parapet d'une tour qui dominait la mer. Reconnaissez-vous pour votre maître Edouard III ? lui cria-t-on. — Non, répondit Ringois, je ne reconnais pour maître que Jean de Valois. » Il fut jeté à la mer. M. Serrur a rendu cet épisode avec talent ; mais pourquoi ses groupes ne sont-ils pas posés avec plus d'assurance ? pourquoi sa couleur n'a-t-elle pas plus de brillant ? — La *Contemplation* fait plus d'honneur à M. Serrur.

— Les portraits de M. Charles Gomien prouvent chez ce peintre un talent acquis et un savoir-faire peu commun. Celui qui porte le n° 822 est le mieux réussi de tous quant au dessin ; celui qui porte le n° 823, le *Portrait de Mme P...* brille par la couleur principalement. M. Charles Gomien sait donner aux figures une animation qui n'est pas factice. Ce peintre est appelé à un beau succès.

— Un grand attrait s'attache aux trois portraits de femmes exposés par M. Alexis Pérignon ; ce succès est mérité, car il est difficile de peindre avec plus de charme et plus de goût. Auquel des trois faut-il donner la préférence ? Pour nous, celui qui est placé à côté des colonnes de la première travée est le plus agréable, soit à cause de la grâce, de l'originalité, soit à cause de la finesse avec laquelle les chairs sont rendues, soit enfin à cause du moelleux des étoffes. Les portraits de M. Pérignon n'appartiennent point à une école sévère ; le peintre veut plaire, et il réussit. Il n'a

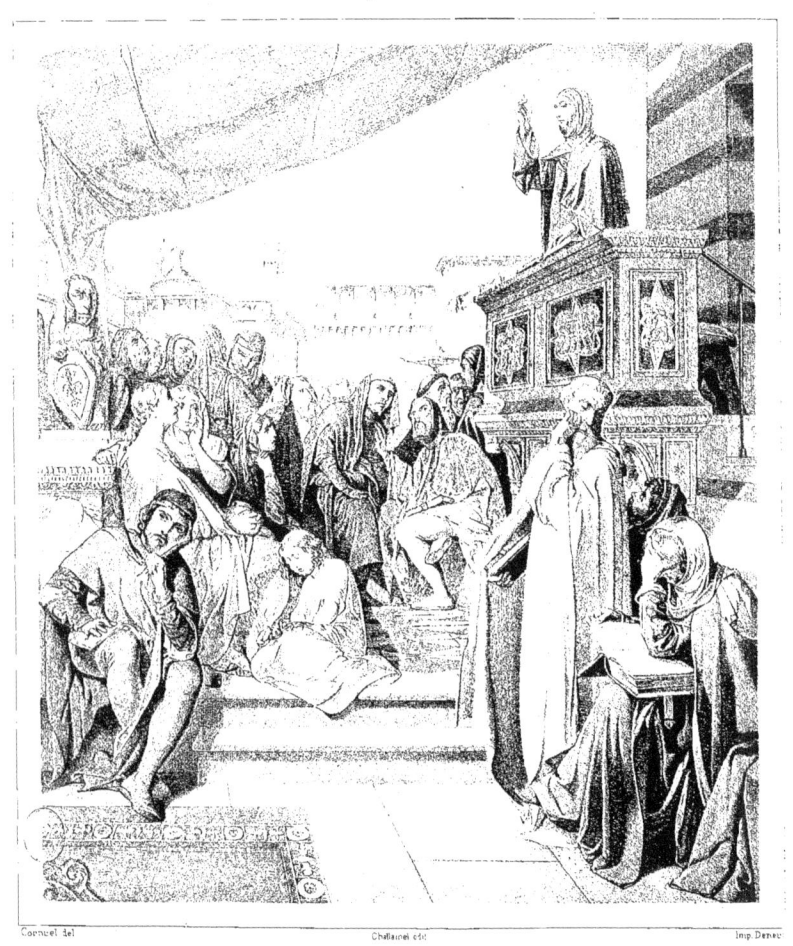

Le Dante commenté en place publique.

pas de défauts essentiels, mais il n'a pas non plus de ces qualités tout à fait hors ligne qui assurent jusqu'à présent une réputation durable.

— M. Auguste Pichon est, au contraire, un homme de style chez lequel on reconnaît le talent que M. Ingres a su développer chez ses meilleurs élèves. Son portrait d'un élève de l'école Polytechnique, — nous l'indiquons ainsi pour renseigner plus clairement nos lecteurs, — peut être regardé presque comme un chef-d'œuvre. Aucun éclat, aucun subterfuge de peinture ; M. Pichon copie la nature avec une conscience méritoire ; les mains sont peintes avec un soin extrême : on comprend tout d'abord que tout, dans ce portrait, est ressemblant.

— Bien que nous ne puissions traiter avec autant d'éloges les ouvrages de M. Léon Viardot, nous reconnaissons cependant que ses portraits sont habilement peints. C'est à lui qu'appartient de juger si l'habileté suffit, et s'il ne faudrait pas se préoccuper plus qu'il ne le fait de la forme.

— Parmi les portraits envoyés au Salon de cette année par Mme Louise Desnos, on remarque celui de Mme *la comtesse G...* et celui d'un général. Le premier est d'une pose noble et en même temps gracieuse ; nous regrettons seulement de n'y pas trouver plus de vie. Le second est peint avec énergie, et à peine croirait-on qu'il est exécuté par le pinceau d'une femme.

— Une autre artiste d'un talent réel, c'est Mme Eugénie Grün. Elle a déployé une grande habileté de pinceau, elle a fait preuve d'une grande finesse d'expression et d'une grande connaissance d'exécution dans son *Portrait de M. A... G....* ; sa *Tête d'étude*, placée sous le n° 863, est bien peinte. Couleur et dessin méritent nos éloges. Nous dirons à Mme Grün ce que nous avons dit à beaucoup de peintres distingués : Vous ne produisez pas assez.

DECAISNE, JOURDY, LEYGUE, MASSÉ, ANASTASI, PETIT, AIWAZOWSKI, LAUVERGNE, GROLIG, JULES MUGNIER, JULES NOEL, SEIGNEURGENS, COUVELEY, MARCEL VERDIER, JOSEPH BEAUME, BOILLY, LÉCURIEUX, LAZERGES, DESGOFFE, THIERRÉE, ALPHONSE TESTARD.

M. Decaisne tient un rang honorable parmi nos peintres religieux. Sa *Sainte Famille* ajoutera à sa réputation, si l'on se préoccupe, avant tout, en regardant ce tableau, de la pensée qui y a présidé. Les trois personnages sont bien ajustés ; cependant la tête de la sainte Vierge est loin d'offrir le type de cette divinité que Raphaël avait si bien comprise. Ce que nous voudrions trouver dans le tableau de M. Decaisne, c'est un dessin plus ferme, une couleur plus vigoureuse.

— Un sujet à peu près semblable, puisque saint Joseph seul y manque, a été traité par M. Paul Jourdy. La *Vierge et l'enfant Jésus* possède la plupart des qualités indispensables à une toile religieuse : la simplicité, la noblesse, un certain rayonnement qui enveloppe les personnages. Le *Baptême de Notre Seigneur*, commandé à M. Jourdy par M. le préfet de la Seine, est dans les mêmes conditions que la *Vierge et l'enfant Jésus*. La pose de Notre-Seigneur a une dignité que ne fait point disparaître son humilité apparente. Quant au *Portrait de M. Viennet*, il est ressemblant et peint avec intelligence et finesse. C'est un des meilleurs du Salon.

— M. Eugène Leygue a triomphé d'une difficulté très-grande, celle de rendre avec originalité la scène du *Christ au tombeau*. Dire que M. Leygue a tout à fait réussi, serait aller trop loin. Sa composition a du style, de la majesté, mais les tons du tableau pourraient être moins tranchés, et les ombres moins noires.

— La grande toile de M. Massé intéresse vivement, et avec raison, les curieux, c'est l'*Échange de prisonniers négocié entre Mgr l'évêque d'Alger et le kalifa Sidi-Embarack, tué dernièrement dans l'affaire commandée par le général Tempoure*. Cette page d'histoire contemporaine a fourni à M. Massé le sujet d'un tableau qui lui fait honneur, et qui possède à un haut degré ce que nous appellerons la *couleur locale*, c'est-à-dire la vérité du paysage et l'exactitude du costume. Même remarque sur les *Lutteurs arabes devant un chef de tribu*, site pris dans le Sahel, site très-pittoresque. M. Auguste Massé a aussi exposé un bon portrait.

— Qui ne connaît pas *Démocrite et les Abdéritains*, cette charmante fable du bon Lafontaine. Pour la traduire avec le pinceau, M. Auguste Anastasi a composé un paysage dont certaines parties méritent d'être remarquées, M. Anastasi possède un don précieux, celui d'animer les personnages qui se promènent dans la campagne. *Démocrite et les Abdéritains* doivent plaire généralement.

— Il me souvient que je longeais les côtes de Cherbourg, en 1840, dans l'instan même où l'événement maritime reproduit avec beaucoup de talent par M. Louis Petit arriva. *Le coup de vent au cap La Hogue* fut un sinistre épouvantable qui fit échouer le bateau à vapeur faisant le service du Hâvre à Cherbourg. M. Louis Petit a bien rendu ce drame terrible ; il s'est attaché à peindre la mer dans toute son horreur, et l'on sait combien elle est méchante aux jours de tempête, sur les côtes de Normandie et de Bretagne.

— C'est à la mer Noire et à la Méditerranée, si différentes entre elles, que M. Aiwazowsky a demandé des inspirations. Il a peint une *Barque de pirates circassiens attaquée par un brick russe sur la mer Noire, en vue des montagnes du Caucase*. Le mouvement et la couleur forment les principales qualités de son tableau. La *Vue lointaine de l'île de Capri*, effet de clair de lune, est très-poétique. Le *Calme sur la Méditerranée* est heureusement rendu ; nous dirions bien, comme le *gracioso* de la Comédie :

> Puis je retournerais, aimable destinée,
> Contempler ton azur, ô Méditerranée !

— Ne la quittons donc pas, cette mer d'azur, et, pendant que nous voguons à pleines voiles, côtoyons l'afrique et contemplons un beau spectacle, la *Vue du port et de la ville d'Alger, prise de la rade*. Malheureusement, nous ne pouvons juger par nous mêmes de l'exactitude qui doit exister dans le tableau de M. Lauvergne. Nous n'avons *vu*, de nos propres yeux *vu*, la côte africaine. Sous le rapport de l'art,

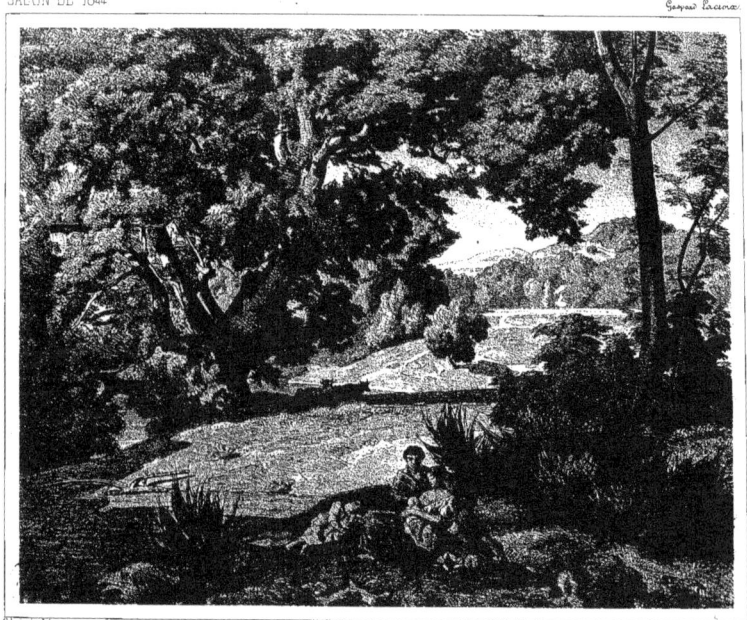

Les Laboureurs.

nous aimons l'œuvre de M. Lauvergne; le ciel pourrait néanmoins être plus chaud et plus coloré. L'exécution de ce tableau est bonne.

— Une autre *Vue d'Alger, prise entre le camp de Couba et Hussayn-Dey*, par M. Grolig, mérite également nos éloges. Ici, les reproches que nous venons d'adresser à M. Lauvergne n'auraient pas lieu d'être appliqués ; seulement, M. Grolig ne fait pas assez bien distinguer les plans qui composent sa *vue*. La *Vue de Blidah*, prise *du pied de l'Atlas, à l'est*, offre de l'intérêt, soit à cause de la grandeur des lignes, soit à cause des épisodes qui ont eu lieu dans cette contrée lors de nos dernières expéditions militaires.

— Au Salon de peinture, nous traversons facilement les mers; nous gravissons facilement les montagnes; nous changeons de pays autant que les peintres changent de sujets. Donc, revenant de la Manche, de la mer Noire et de l'Afrique, nous nous reposons à Brest, et assistons à la *Remorque de la frégate la Belle-Poule dans la rade de ce port*, par M. Jules Mugnier. La vue est prise sur le quai du Parc-aux-Vivres ; nous en garantissons, *de visu* cette fois, l'exactitude ; mais l'exécution accuse l'inexpérience de M. Jules Mugnier.

— La *Rade de Brest*, au contraire, a été peinte par M. Jules Noël avec une science et une habileté remarquables. Ce tableau rappelle, sous plus d'un rapport, les marines de Joseph Vernet. M. Noël a retracé l'arrivée de LL. AA. RR. *le duc et la duchesse de Nemours en rade de Brest*, le 30 août 1843. Jolie toile, peinte avec autant de savoir-faire que la précédente. Nous ne nous rappelons pas avoir vu encore de tableaux exposés par M. Jules Noël. Si ce sont là ses débuts, il peut avoir foi dans l'avenir, pourvu qu'il se garde de la sécheresse dans les vagues, et de la raideur des lignes : ces deux défauts le conduiraient infailliblement dans une mauvaise voie.

— Deux charmantes petites toiles méritent d'être signalées. L'une est peinte par M. Ernest Seigneurgens, et a pour titre : *Le vieux cheval*. C'est une étude d'après nature habilement faite ; l'autre toile de M. Couveley a pour titre : *Halte de paysans bretons à Concarneaux*. Rien de plus gracieux, rien de mieux disposé. Les figures, bien que d'une dimension très-petite, ont de l'expression, et un air de prospérité que M. Adolphe Couveley a certainement étudié sur nature.

— Nous ne manquerons pas de signaler les progrès de M. Marcel Verdier, envers lequel il a fallu être un peu sévère les années précédentes. Les *Jeunes Savoyards* de M. Verdier sont d'une jolie composition et d'une belle couleur ; la tête brune est grave, la petite blonde a une espièglerie charmante. Somme toute, son tableau a d'excellentes qualités. Pour les *Portraits de M*^{me} *Léon Gozlan et de sa fille*, nous n'adresserons pas les mêmes éloges au peintre, sans lui refuser de la netteté dans le dessin, de l'habileté dans les accessoires.

— Nous cherchons M. Joseph Beaume, l'auteur de tableaux si frais et si gracieux, celui qui nous rappelait l'admirable Greuze par la naïveté et la bonhomie. *L'Éducation de la Vierge*, exposée cette année par M. Joseph Beaume, est regardée avec indifférence parce qu'elle a peu de cachet d'originalité. *Agar dans le désert* ne satisfait pas davantage. Par bonheur, un joli petit tableau, *Enfants surpris par la marée*, nous réconcilie avec M. Joseph Beaume ; il est là dans sa sphère, il donne du mouvement à ses personnages ; il donne de l'expression aux figures.

— Le *Dernier banquet des girondins*, par M. Boilly. Nous lisons dans l'*Histoire-Musée de la république française*, par M. Augustin Challamel : « Lorsqu'on fit sortir les girondins de la salle d'audience, tous crièrent : *Vive la république !* et entonnèrent l'*Hymne des Marseillais*. Ils jetèrent à la foule les assignats qu'ils avaient dans leurs poches. Arrivés dans leur prison, ils passèrent une partie de la nuit et les premières heures du jour suivant à se préparer à la mort, tour à tour gais ou sérieux, le cœur plein de regrets, ou résignés à leur sort. » Le *Dernier Banquet des Girondins* a été rendu par M. Boilly avec une entente parfaite de la vérité historique. Nous ne reprochons au peintre que ses tons sombres poussés à l'extrême.

— Affreuse page que celle du *Martyre de saint Benigne !* « Il pria pour ceux qui allaient être témoins de sa mort, afin que cette vue animât les bons et touchât les idolâtres. Il y eut de ses juges qui, pendant qu'il faisait cette prière, furent attendris jusqu'à verser des larmes. » M. Lécurieux a reproduit cette scène en s'inspirant de l'école espagnole, et peu s'en est fallu, contre l'ordinaire de son talent, qu'à force de vigueur il n'en soit venu à une dureté trop grande de contours. M. Lécurieux s'est arrêté à temps. *Saint Bernard allant fonder l'abbaye de Clairvaux, dont il venait d'être nommé abbé*, est un tableau remarquable, dont l'effet porte moins que les *Préparatifs du martyre de Saint Bénigne*, mais est bien entendu. M. Lécurieux est en progrès.

— Il est aisé de se convaincre que la manière de M. Lazerges convient parfaitement aux tableaux religieux. L'*Agonie du Christ au jardin des Oliviers* est peinte avec conscience. Toutefois, le grand écueil n'a point été évité, à savoir la noblesse du personnage divin. Sommes-nous trop exigeant, ou bien le peintre n'a-t-il pas assez étudié sa composition ? C'est au public à décider. *Saint Jean l'Évangéliste* a plus de grandiose que l'*Agonie du Christ*, quoique le peintre ait employé les mêmes moyens pour ce tableau que pour l'autre. Saint Jean a un air véritablement inspiré. M. Hippolyte Lazerges a exposé aussi un bon *Portrait*.

— M. Alexandre Desgoffe occupe un rang très-recommandable parmi les paysagistes de style. *Narcisse à la fontaine* est loin d'être sans défaut, et nous reprochons même à M. Desgoffe sa couleur effacée ; mais comme lignes, c'est un ouvrage de maître. La *Campagne de Rome*, plus heureuse sous le rapport de la couleur, a moins de grandeur ; la lumière manque dans ce paysage. Le feuiller de M. Desgoffe est généralement un peu vague : on sait difficilement quels arbres il a voulu peindre.

— *Étude de forêt*, par M. Stanislas Thierrée, prouve chez ce peintre d'excellentes qualités, sans néanmoins produire beaucoup d'effet. Nous préférons ses *Environs de Cayeux* (Normandie). M. Thierrée n'a pas encore la science de varier ses feuillers, mais ses glacis sont d'un heureux effet et d'une bonne couleur.

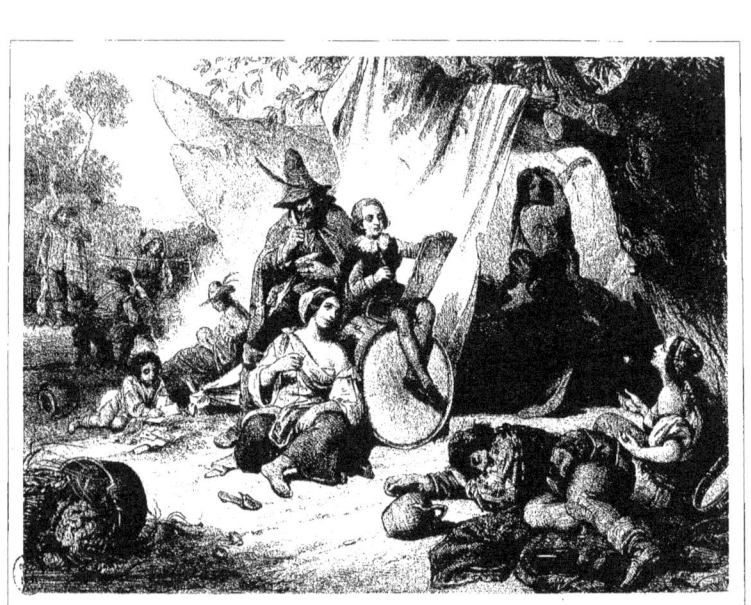

L'Infanterie de Callot

— Nous nous plaisons à reconnaître que la *Vue prise au canal de l'Ourcq*, par M. Alphonse Testard, est d'une perspective parfaite. Le mirage des arbres dans le canal est bien indiqué, et, ce qui vaut mieux, artistement exécuté. On voit dans le fond la barrière de la Villette; c'est dommage, en vérité. Le paysage serait mieux fermé par un horizon lointain. — Le *Vieux lapin*, nature morte, par le même artiste, est une jolie esquisse terminée.

Paul Flandrin, Lecointe, Théodore frère, Maille Saint-Prix, Marandon de Montyel, Jules Coignet, Ern. Boyer, Ledieu, Kiorboe, Champney, H. Lejeune.

M. Paul Flandrin compose admirablement le paysage. Ses portraits, sans être à la hauteur de ceux de M. Hippolyte, méritent cependant nos éloges. M. Paul Flandrin est, avant tout, paysagiste; c'est sous ce rapport qu'il faut le juger. Nous avons remarqué avec plaisir que sa manière se modifiait un peu; les paysages qu'il a exposés n'ont pas cette froideur que l'on reprochait avec raison à ses productions précédentes. Sa *Vue de Tivoli* a de belles lignes; elle est bien choisie, et les collines boisées qui s'étendent autour du château ont une grande fraîcheur. Ses *Deux jeunes filles auprès de la fontaine*, sont comme une miniature à l'huile : charmant petit tableau, scène antique inspirée sans doute par les églogues de Virgile. Les *Bords du Rhône* (environs d'Avignon) sont peints d'après nature; le site est agréable; la campagne, chaude comme elle l'est dans le midi de la France, est rafraîchie de distance en distance par les alluvions du fleuve. On peut donner à ce paysage le nom d'étude terminée. Ce qu'il faut remarquer dans les *Bords du Rhône*, c'est la pureté des lignes et le choix du point de vue. M. Paul Flandrin fera bien de se préoccuper des accessoires, qui, bien entendus, ne nuisent jamais au principal dans un tableau, et dont l'absence, au contraire, a souvent rendu une toile incomplète.

— Ce verset de l'Évangile : « Enfin, étant rentré en lui-même, il dit : Combien y a-t-il chez mon père de serviteurs à gages qui ont plus de pain qu'il ne leur en faut ! et moi je suis ici à mourir de faim, » a été rendu très-habilement par M. Lecointe, et nous remarquons dans son paysage de l'*Enfant prodigue* une solidité de tons que n'avait pas encore cet artiste ; de plus, tout le paysage est bien composé et bien peint.

— Une *Caravane arabe traversant le Rummel à gué* (environs de Constantine), et la *Rivière de Safsafh* (environs de Philippeville), forment l'envoi de M. Théodore Frère. Le premier tableau a un mouvement remarquable et une vérité de tons peu commune ; le second plaît par la disposition des plans, bien que les lignes manquent un peu d'étendue. M. Théodore Frère possède un talent qui grandira certainement avec le temps, pourvu que son amour de la nature gracieuse ne le jette pas dans une coquetterie de tons trop recherchée. Cet écueil évité, nous nous rassurons pour l'avenir.

— A quelques lieues de Paris, il existe presque une merveille de la nature. Nous voulons parler de la *Vallée de Corbeil*. M. Maille Saint-Prix l'a reproduite avec talent; son paysage est dans de bonnes conditions pour obtenir du succès; toutefois, M. Maille Saint-Prix devra se garder des tons noirs, et chercher à mettre de la lumière, s'il veut atteindre à un ensemble irréprochable.

— Il en faut dire autant à M. Marandon de Montyel, dont les trois tableaux exposés cette année ne sont pas à tous égards remarquables. Son *Souvenir du pays de Vaud* et son *Vieux château de Créceils* sont de petites toiles qui n'ajouteront rien à la réputation de cet artiste, mais la *Cascade de Rome, près de Florence*, attire à juste titre l'attention des connaisseurs.

— *Vue d'Italie*, par M. Jules Coignet, renferme d'excellentes qualités; la *Vue des temples de Pæstum* est un beau tableau. Ce qui manque à M. Jules Coignet, c'est de varier un peu ses travaux, et de peindre avec plus de recherche. Aucun point de vue ne présente plus de majesté que celui des *Temples de Pæstum*, et le peintre aurait pu lui donner plus de poésie. Du reste, les ouvrages de M. Coignet sont prodigieusement rendus, et dignes du succès qu'ils obtiennent.

— Les trois tableaux exposés par M. Ernest Boyer sont des sujets bien différents; sous le n° 217, la *Vue de la rivière de Kimperlé* (Bretagne), est une jolie étude terminée; *la Tente*, souvenir d'Italie, a du charme et plairait plus encore, si la lumière en était plus brillante. L'*Étang* est peut-être le tableau le mieux réussi de M. E. Boyer.

— *Vue prise à Fontainebleau*, par M. Ledieu, ne manque pas de qualités réelles, notamment dans la disposition des plans et dans le feuiller des arbres. M. Ledieu a de la couleur, sans doute, mais il faut qu'il se préoccupe de donner de l'harmonie aux tons qu'il emploie. La *Vue prise à Fontainebleau* est un bon paysage-étude, et qui fait espérer un peintre coloriste.

— M. Kiorboe a fait preuve de talent dans son *Hallali au cerf*. Le mouvement de la composition est extraordinairement juste, et on comprend bien que le pauvre cerf est sur ses fins. M. Kiorboe a déjà fait ses preuves; il nous souvient de ses *chiens de chasse* et de ses *renards* exposés en 1842. Ce peintre est toujours en progrès.

— Quant à M. Benjamin Champney, il nous transporte instantanément des bords de la Seine aux Etats-Unis. Sa *Vue prise sur les bords de la Seine*, à Chatou, est un remarquable effet de soleil couchant, et nous trouvons beaucoup de grandeur et de pittoresque dans la *Vue des Montagnes blanches, en Amérique*. Nous aimons moins la *Vue prise dans l'état de New-Hampshire*, qui n'a pas un intérêt aussi saisissant que la première.

— On lit dans *Notre-Dame de Paris*, la magnifique œuvre de M. Victor Hugo : « Pourtant, la cellule n'était point déserte : un homme était assis dans un fauteuil et courbé sur la table. Jehan, auquel il tournait le dos, ne pouvait voir que les épaules et le derrière de son crâne. Mais il n'eut pas de peine à reconnaître cette tête chauve à laquelle la nature avait fait une tonsure éternelle, comme si elle avait voulu marquer, par ce symbole extérieur, l'irrésistible vocation cléricale de l'archidiacre. » M. Henri Lejeune a bien rendu la scène originale du roman. *Claude Frollo dans sa*

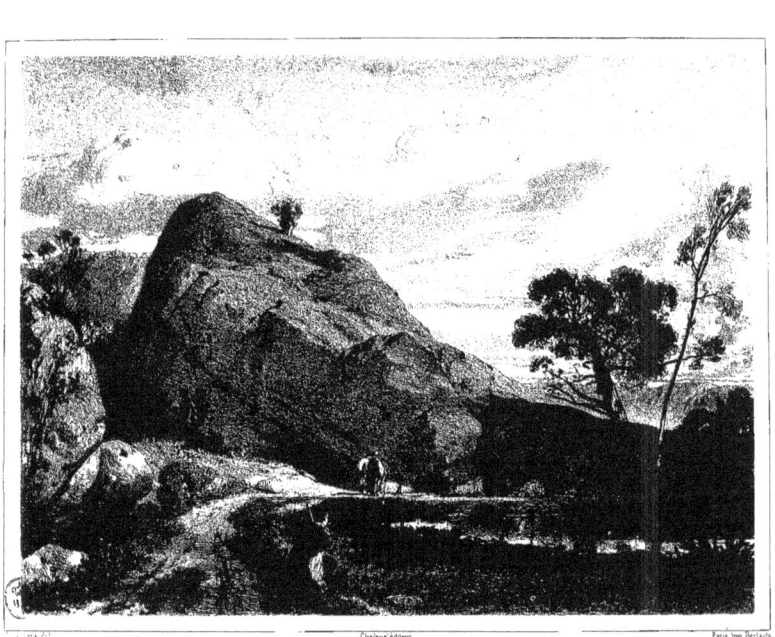

Environs de Vaucluse

cellule est un bon tableau de salon. — La *Villa Corsini, à Rome,* du même artiste, est peinte avec goût. On sait que la villa Corsini fut le dernier séjour de Christine, reine de Suède, qui y mourut au milieu des loisirs de la science.

CHAMBELLAN, DELIGNY, BENJAMIN ROUBAUD, LÉON MOREAUX, LABOUCHÈRE, AUGUSTE JUGELET, VIEILLEVOYE, FERDINAND STORELLI, COURT, Mme CALAMATTA, BONNEGRACE, MEYER, LEBLANC, LABY, AIFFRE, GROS-CLAUDE, ROUGET, ISSARTI, ROBERT, MATTHIEU, NOEL. CHOPPE, BRUSLE, JOSEPH THIERRY, AMÉDÉE COUDER.

Le talent de M. Chambellan n'est pas tourné à la peinture religieuse, et nous n'en voudrions pour preuve que son tableau. *Jésus-Christ guérit les malades qu'on amène de tous les pays* a une foule de qualités, excepté celles qui lui seraient le plus indispensables : la majesté, l'expression religieuse, la pureté des formes. Nous conseillons à M. Chambellan de reprendre sa peinture d'autrefois, pour suivre ce précepte aussi juste que connu :

Tel brille au second rang, qui s'éclipse au premier.

— La *Sainte famille*, de M. Deligny, est un tableau dont on doit apprécier le mérite. Le peintre a poétisé la scène. Saint Jean offre à l'enfant Jésus une fleur d'aloës, emblème des souffrances de la vie terrestre pour la rédemption du genre humain. L'œuvre de M. Deligny a le caractère qui convient au symbole qu'il a voulu traduire. On n'y trouve pas le mauvais goût qui préside de nos jours à ces sortes de compositions.

— *Le retour de S. A. R. Mgr le duc d'Aumale dans la plaine de la Mitidja, après la prise de la Smala d'Abd-el Kader,* est un grand tableau que nous ne pouvons appeler officiel, parce qu'il n'a point été, nous le croyons, commandé à l'auteur ; mais qui a toute l'importance voulue pour une composition historique ; M. Benjamin Roubaud y a déployé beaucoup d'habileté ; le groupe qui entoure le prince est fort bien disposé. Les fonds sont bien peints. Ce tableau est harmonieux.

— Pour l'œuvre de M. C. Léon Moreaux, force nous est de rappeler la note historique qui a servi au peintre. « L'adjudant général Charles Grandjean, qui commandait la division Delmas, traversant la ligne autrichienne à la tête d'une compagnie de grenadiers, gravit un rocher d'où il se précipite audacieusement le long des pentes escarpées, entraînant par son exemple tous ses soldats à sa suite, et s'empare d'un redan que les autrichiens occupaient faiblement, se croyant inaccessibles de ce côté. Une partie de ces troupes mit bas les armes, l'autre fut rejetée au delà de l'Adige, à la faveur d'un pont retranché en avant de Pastringo, etc. » Tel est le sujet de la *Bataille de Pastringo*, qui se livra le 6 germinal an VII, et que M. Léon Moreaux a rendu d'une façon supérieure. Un *Portrait de femme*, par le même, manque un peu de fini, mais on y reconnaît la touche de M. Moreaux, qui peut faire de la grande peinture ; nous l'y engageons.

— *Ulric von Hütten*, par M. Labouchère, est peint avec plus de goût que de science. — *Henri, duc de Saxe*, est un sujet qui prêtait au sentiment et à l'expression. M. Labouchère lui a su donner l'un et l'autre. — *Marino Sanuto* (il penseroso), sénateur vénitien, est, des quatre toiles de M. Labouchère, celle qui nous convient le moins; au contraire, — *Charles-Quint à Londres* possède à peu près tout ce qu'il faut pour plaire. En voici le sujet : « François I ayant fait l'invasion de l'Italie, son rival passa en Angleterre, afin d'obtenir de Henri VIII de déclarer la guerre à la France, et fit, à cet effet, beaucoup de cajoleries au cardinal Wolsey, tout puissant alors, lui promettant toute sa protection pour arriver au siège pontifical. » M. Labouchère a besoin de travailler la forme, s'il veut acquérir une réputation durable.

— Deux malheurs, dont le premier n'eut heureusement pas de suites fâcheuses, mais dont le second fut terrible, ont fourni à M. Auguste Jugelet les motifs de deux tableaux. La *Chute des chevaux de la voiture du roi dans l'écluse du canal de la ville d'Eu*, est traitée avec trop de facilité. — *Le coup de vent du lougre l'Automne, de Dieppe*, rappelle un sinistre épouvantable arrivé le 3 septembre 1843. — La *Vue de l'entrée du port de Brest, prise de la rade*, est peinte avec adresse.

— *Famille juive pleurant sur les ruines de Jérusalem*. Ce tableau de M. Vieillevoye gagnerait à être fait dans de plus grandes proportions. Nous avons examiné avec intérêt la *Scène de massacre, à Liége, lors de la prise de la ville par Charles le Téméraire, duc de Bourgogne*; mais, nous devons le dire, le sujet l'emporte de beaucoup sur l'exécution. — Les *Deux boteresses aux prises avec un vieux braconnier*, scène du pays de Liége, intéresse principalement aussi à cause du sujet. M. Vieillevoye habite Liége, et, malgré toute la sympathie que nous avons pour les artistes étrangers, nous ne pouvons louer ses tableaux. Cependant, M. Vieillevoye, en se corrigeant de certains défauts de goût, parviendra sans doute au but qu'il veut atteindre.

— M. Ferdinand Storelli a peint pour la reine douairière de Sardaigne, le *Départ de Milan du roi de Sardaigne Charles Félix et de la reine Christine-Amélie-Thérèse de Bourbon* (1831). Ce tableau ne manque pas d'éclat, mais le grand nombre de personnages assistant à la cérémonie a dû embarrasser le peintre, car certaines figures sont fort peu soignées, et ont peu d'expression. Nous aimons à croire que les costumes sont exacts, car leur étrangeté ferait trop d'honneur à l'imaginative de M. Storelli.

— M. Court, l'auteur de la *Mort de César*, s'est amusé à peindre *Rigolette cherchant à se distraire pendant l'absence de Germain*. — Le *Domino* attire l'œil, voilà tout. — Les portraits de M. Court sont tout aussi habilement peints que ceux qu'il exposa autrefois : l'éclat les fait seul regarder ; et, après les avoir examinés avec attention, on y découvre des qualités qui condamnent les œuvres de M. Court. Le tableau officiel du même artiste, *S. A. R. Mgr le duc d'Orléans posant la première pierre du pont-canal d'Agen*, est un de ces ouvrages qui se mesurent par la grandeur plutôt que par la valeur d'exécution. M. Court peut beaucoup mieux faire.

SALON DE 1844
Augᵗᵉ Mathieu

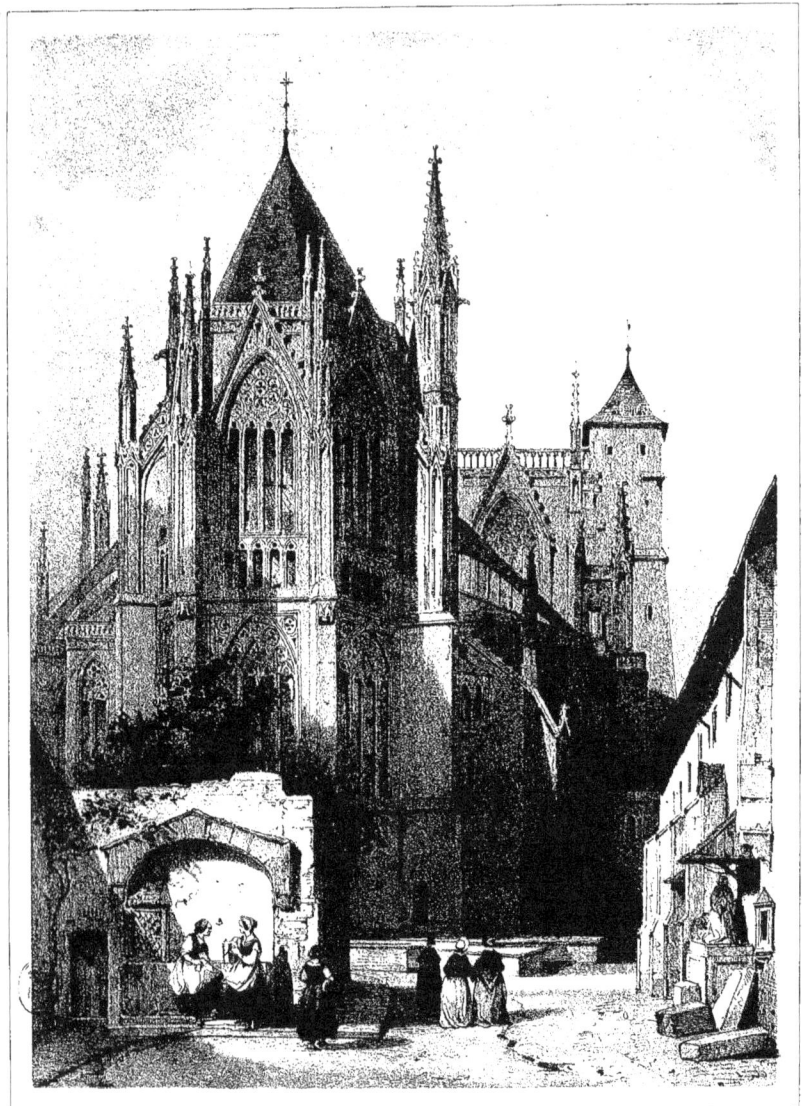

Souvenir d'Allemagne
Ratisbonne

— Quelque indulgent que nous voulions être envers Mme Calamatta, dont les intentions sont excellentes, et qui a certainement fait de sérieuses études; nous ne pouvons nous empêcher de dire que les tableaux exposés par elle cette année obtiennent peu de succès, et cela avec raison. Sa *Sainte famille* est une composition aussi lourde que son *Eudore et Cymodocée*, où elle pouvait cependant être bien inspirée par le beau poëme de M. de Châteaubriand. — La *tête du Christ* et une *Muse* sont de pâles reflets, peu compris, du système de M. Ingres.

— La composition de la *Vision de saint Jean*, par M. Bonnegrâce, est large et digne du sujet. Le peintre a parfaitement traduit ce verset de l'*Apocalypse* : « La ville était toute brillante de la clarté de Dieu, et la lumière qui l'éclairait était semblable à une pierre de jaspe transparente comme du cristal. » Un peu moins d'incertitude dans le dessin, beaucoup plus d'harmonie dans la couleur, rendraient cette toile tout à fait bonne.

— Deux études, une *Tête* et une *Femme du Nord*, par M. Frédéric Meyer, sont habilement peintes, et promettent, pour l'avenir, un peintre d'expression. Le *Portrait d'un capitaine du génie* possède toutes les qualités qui constituent ce genre de peinture ; les chairs ont de l'animation, la physionomie est bien étudiée ; seulement, la couleur de ce portrait pourrait être plus vigoureuse. M. Frédéric Meyer a un pinceau intelligent ; nous l'attendons à l'exposition prochaine.

— Un *Portrait d'homme*, par M. Ch. Leblanc, est fait avec intelligence aussi. Un peu plus de moelleux le rendrait irréprochable ; mais les chairs sont bien peintes et l'expression est heureuse.

— Les *Portraits* peints par M. Laby sont exécutés avec soin et talent. Cet artiste, avec des études, doit arriver à une belle réputation.

— La *Mélancolie*, de M. R. Aiffre, est un charmant tableau où se rencontrent des qualités de premier ordre. Ses *Portraits en pied de Mlles B...* ne manquent pas d'une certaine distinction ; celui d'un *Jeune-garçon* a peut-être moins de charme, sans être moins habilement peint.

— M. Gros-Claude devient portraitiste exclusivement ; à peine si quelques tableaux de lui ont paru depuis plusieurs années. Nous ne l'en blâmons pas, à cause de la manière dont ses portraits sont rendus ; et cependant nous regrettons de ne pas voir seulement une seule toile comme il sait les faire. Des cinq portraits envoyés au Salon de cette année par M. Gros-Claude, deux méritent une mention toute particulière ; ils portent les n°s 857 et 860. Le premier comprend deux figures ; le second est le portrait d'une jeune fille.

— Les deux *Portraits* de M. Rouget sont remarquables, notamment celui de femme. Peut-être M. Rouget aurait-il dû rendre davantage les détails. Ces portraits sont posés avec goût ; les figures sont consciencieusement étudiées, et d'une belle couleur. C'est chose heureuse que d'avoir son portrait peint par M. Rouget.

— Le *Retour de Saint-Cloud à Neuilly, effet de nuit*, par M. Issarti, a du charme, et plaît autant à cause de l'exécution qu'à cause du sujet. L'effet est ménagé avec beaucoup d'intelligence. M. Issarti n'a exposé qu'un seul tableau ; il procède modestement ; c'est ainsi qu'on parvient à obtenir un rang honorable parmi les artistes. En changeant le vers de Molière, nous disons, à propos des tableaux : le *nombre* ne fait rien à l'affaire.

— *Tête d'homme*, *étude*, par M. A. P. Robert, a des qualités. M. A. P. Robert, à ce que nous croyons, expose pour la première fois. S'il en est ainsi, son début lui fait honneur ; c'est un engagement pris par lui pour l'avenir.

— Combien les trois villes d'Allemagne, peintes par M. Mathieu, sont jolies et pittoresques par dessus toute chose! *Ratisbonne* est féconde en souvenirs historiques : c'est là que se tenaient autrefois les diètes générales de l'empire d'Allemagne. *Nuremberg*, la patrie d'Albert Durer, était une des villes les plus grandes et les plus florissantes ; *Andernach* est remarquable par la défaite de Charles le Chauve, en 876. Elle est située sur le Rhin. M. Mathieu a rendu ces trois vues avec bonheur.

— Le naturel est le talent de M. N. Choppe : *Un avocat de village, en Normandie*, ne manque pas de vérité ; c'est un petit tableau de genre qui peut plaire à tout le monde. *Le Fondeur de cuillers et rémouleur ambulant* nous semble être un sujet un peu trop naïf. Néanmoins, l'exécution en est agréable, et l'on passe sur ce défaut. Les tableaux de M. N. Choppe méritent d'être remarqués ; comme couleur, ils sont agréables ; comme exécution, ils sont facilement faits.

— La *Vue prise entre Nesle et Bagnencourt* (Somme), par M. de Brusle, est un bon paysage ; la *Chasse aux bécassines, marais de Saint-Christ*, du même peintre, est un charmant épisode de chasse dont nous ne serions pas tenté de nier la vérité. Ces tableaux sont peints avec talent.

— M. Joseph Thierry. (Voir p. 35.)

— M. Amédée Couder a exposé un cadre d'architecture, dans lequel il se montre à la fois peintre et architecte. Sans entrer dans de grands détails sur les travaux que l'on pourrait exécuter à Notre-Dame, M. Amédée Couder s'est seulement occupé des embellissements partiels dont cette église a besoin. Il a fait : 1° un maître-autel ; 2° une chaire ; 3° un banc-d'œuvre ; 4° un costume pour les Suisses aux solennités nationales ; 5° une tenue pour les Suisses aux fêtes de l'Église ; 6° une bannière de la Vierge ; 7° un dais.

Tous ces accessoires sont inspirés par la pensée catholique, et forment un assemblage d'ornements qui ne s'écartent pas du style religieux.

HÉRISSON, RIONDET, ÉLISA BLONDEL, D. FAVAS, HIPP. GARNEREY, L. GARNEREY, A. GIROUX, MICHEL BOUQUET, J. CHANDELIER, LÉON MELLÉ, G. MAILAND, A. GARNIER, DARJOU.

Le nombre des peintres de genre est très-considérable, avons-nous dit ; en effet, à chaque exposition nous en voyons apparaître de nouveaux, dont les tableaux obtiennent un succès véritable. Parmi eux, citons M. Louis Hérisson. *La première dent* est une petite toile ; le sujet, quoique simple, est intéressant. La composition

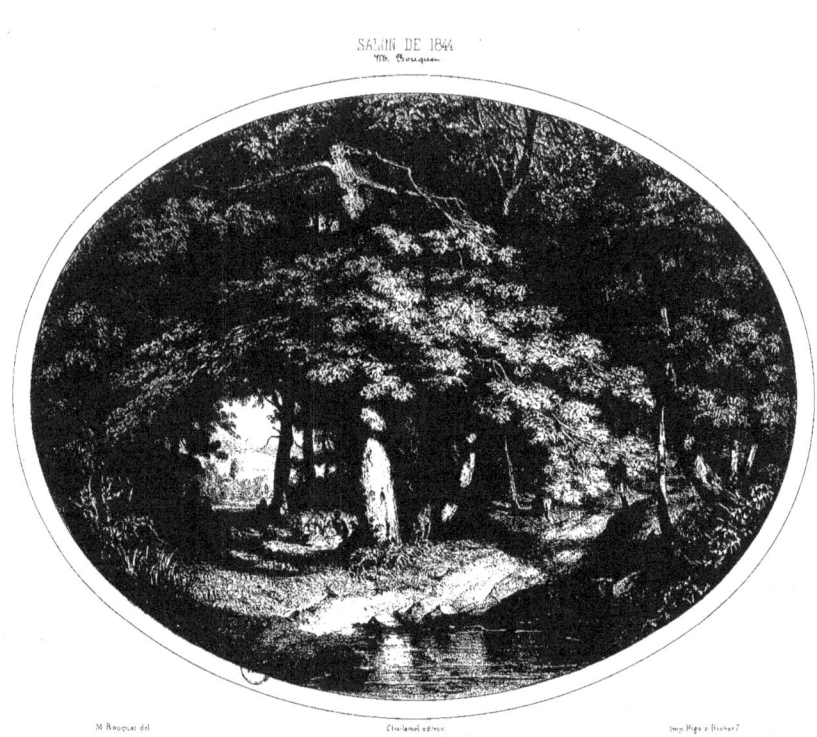

Intérieur de Forêt.

de M. Louis Hérisson est naturelle ; aussi, nous l'engageons à étudier plus encore la forme et la couleur, et il réussira tout à fait.

— Même conseil à M. Frédéric Riondet. *La petite tricoteuse* est tout à fait gentille, et plaît principalement par le naturel. Les accessoires de ce tableau sont très-étudiés. Le *Portrait du fils de M. le baron F.....* est peint avec science, nous ne pouvons dire avec habileté, car certaines difficultés n'ont pas été assez évitées.

Mlle Élisa Blondel, dont l'absence avait été remarquée au dernier Salon, vient d'y reparaître cette année avec cinq charmants portraits. La grâce et l'élégance qu'elle sait donner à ses modèles, le charme de sa peinture, et surtout l'esprit qu'elle met dans ses compositions, la placent incontestablement au nombre des artistes les plus distingués.

— Les *Costumes de Mola di Gaeta (royaume de Naples)*, par M. Daniel Favas, ont beaucoup de pittoresque ; ils sont peints avec art, avec une naïveté que l'on aime à trouver dans ces sortes de travaux. Le même peintre a exposé un bon portrait de femme ; mais pourquoi M. Favas n'a-t-il pas donné plus de ressort au modelé du visage ? Pourquoi les contours ne sont-ils pas plus précis ?

— M. Louis Garnerey a exposé sept tableaux : des vues et des marines. Ses vues sont celles de *Mers-el-Kibir* (Algérie), des *Environs d'Amsterdam, d'Alexandrie, d'Ahardem* et *d'Anvers*. Toutes, sans être tout à fait remarquables, n'en méritent pas moins l'attention des amateurs. Le *Naufrage sur une plage* est dramatiquement rendu. Quant à la *Pêche de la Morue*, le peintre l'a parfaitement mise en action. Dans la chaloupe d'un brick, mouillé sur le banc de Terre-Neuve, quelques hommes hèlent à bord la palangre où se trouvent accrochées à de petites lignes les morues prises pendant la nuit, tandis que d'autres pêcheurs décrochent le poisson ou réamorcent les hameçons en laissant de nouveau tomber l'appareil sur le fond, pour être relevé à la marée suivante. Il est inutile de parler ici du talent de M. Louis Garnerey, il est assez connu et apprécié.

— M. Hippolyte Garnerey, frère du précédent, a envoyé le même nombre de tableaux, dont cinq vues. La *Vue prise à Angers* et celle *prise à Évreux*, sont agréables d'aspect. La *Vue de l'Hôtel de Ville de Compiègne* est un joli tableau dont les détails plaisent. Sa *Marine, enfants jouant sur une plage*, est bien ordonnée. Mentionnons aussi sa *Promenade sur l'eau*.

— Les vues du *Campo vaccino* ne sont pas rares, car presque tous les paysagistes qui vont en Italie dessinent le fameux cimetière romain. M. André Giroux a, comme les autres, payé son tribut ; sa *Vue prise à Rome dans le Campo vaccino* est remarquable. La nature colorée et chaude de l'Italie ne pouvait être mieux rendue que ne l'a fait M. André Giroux. Les terrains ont de la vigueur, les arbres sont pittoresques, les accessoires sont scrupuleusement dessinés. La *Vue du Campo vaccino*, de M. André Giroux, peut être placée sur la même ligne que tous ceux exposés par lui jusqu'à ce jour.

— Nous nous sommes arrêtés plusieurs fois, et avec plaisir, devant le paysage *Effet d'automne*, de M. Michel Bouquet, paysage que nous n'hésitons pas à mettre au nombre des meilleurs de l'exposition ; la couleur en est d'une vérité saisissante. L'*Intérieur de forêt*, du même peintre, a autant de charmes que l'*Effet d'automne* ; les arbres sont d'une belle forme et d'une belle couleur. Dans ce dernier tableau, M. Michel Bouquet a fait preuve d'habileté dans la distribution des plans et de la lumière.

— En 1842, M. Jules Chandelier avait envoyé deux *Vues* à l'huile, et une aquarelle ; en 1844, un tableau de paysage-genre et deux aquarelles ont été exposés par cet artiste. Les *Paysans bas-bretons arrêtés à une fontaine* (bourg de Batz), sont peints avec une certaine conscience, que ne relève pas l'adresse artistique, si je puis m'exprimer ainsi. La couleur de M. Jules Chandelier est pâle et effacée. Ses aquarelles nous plaisent davantage, principalement sa *Vue de la grosse horloge, à Évreux*.

— Admirable solitude que celle de la *Grande Chartreuse* ! Les peintres ne peuvent choisir un site plus pittoresque, plus accidenté, plus poétique. M. Léon Mellé, dans une de ses excursions en France, a peint les *Montagnes de la grande Chartreuse*, où les moines se promènent en méditant sur les devoirs de la vie claustrale. Pour que le tableau de M. Mellé présente de l'intérêt, il lui a suffi de copier purement et simplement la nature, au lieu de l'arranger, de la composer à sa manière. Les *Montagnes de la grande Chartreuse* font beaucoup d'effet.

— Le parlement avait absous la femme, le fils et les filles de Calas. Cette famille, vouée au deuil, à l'opprobre et à la misère, après l'exécution de leur malheureux père, vint chercher un refuge à Genève. On accueille, on plaint ces victimes de l'intolérance ; mais où trouver pour elles un protecteur qui puisse leur donner le seul soulagement dont elles sont avides, celui de faire reconnaître l'innocence du plus infortuné des pères de famille. La veuve de Calas se rendit à Ferney, et tomba, avec ses enfants, aux pieds de Voltaire. Tel est le sujet que M. Mailand a emprunté à l'*Histoire du dix-huitième siècle*, par Lacretelle. — La *Scène tirée du château de Kenilworth* est bien choisie et assez bien rendue ; elle représente le moment où Wayland, déguisé en colporteur, s'introduit auprès d'Amy Robsart pour lui faire naître des doutes sur la fidélité du comte de Leicester.

— La ballade populaire de Gœthe, *le Roi des Aulnes*, est un des sujets les plus romanesques qui existent, et qui puissent inspirer un peintre. M. André Garnier s'est acquitté de sa tâche difficile avec honneur, sans doute, mais non avec plein succès. *Le Roi des Aulnes* est plein d'intentions, mais il pèche par l'exécution. L'ensemble du tableau n'est point assez animé. « Qui court à cheval si tard au milieu des vents et des ténèbres ? C'est un père avec son jeune fils, il tient l'enfant dans ses bras, le serre étroitement et le préserve du froid, » dit Gœthe. La forme seule de la phrase indique un mouvement extraordinaire, qui n'a véritablement pas été rendu par M. Garnier.

— *La Prière du Christ*, par M. Darjou, est un bon tableau qui révèle des qualités réelles chez ce peintre. *Thérésitta*, sujet tout différent, a de la grâce, et fait connaître le talent de M. Darjou sous un nouveau jour. Six portraits, parmi lesquels on

SALON DE 1844

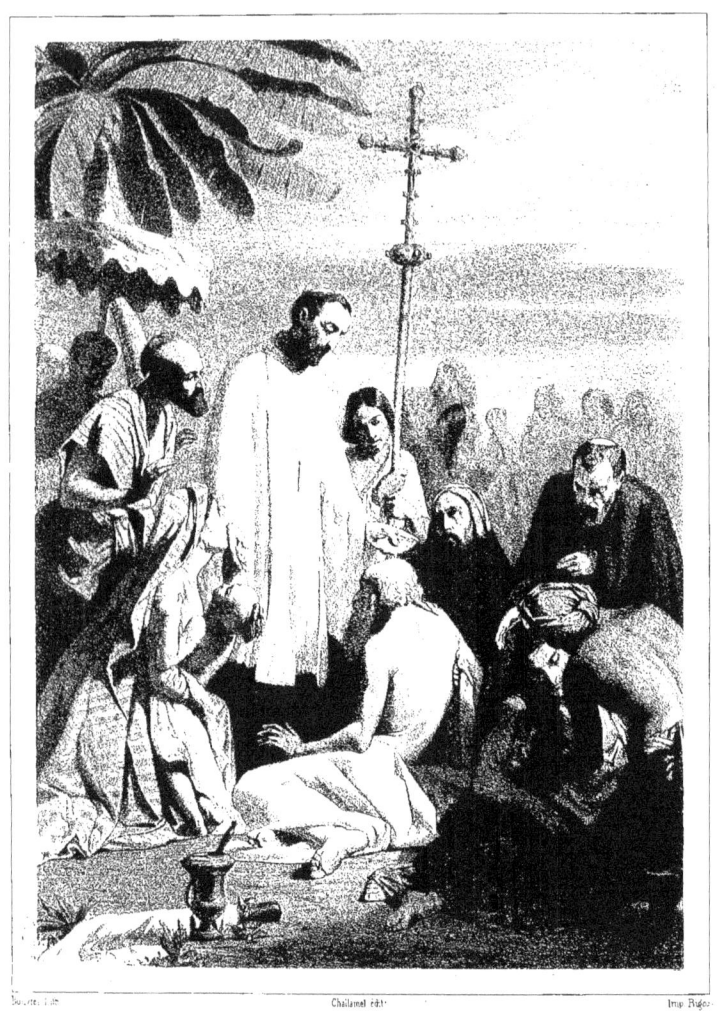

St François-Xavier, baptisant et guérissant les malades Indiens.

remarque celui de feu Mme Julienne, artiste du Gymnase dramatique, sont peints avec beaucoup de finesse et d'habileté.

Saint-Èvre, Coedès, Castan, Ém. Wattier, Dussauce, Mouchy, Vetter, Ch. Béranger, H. Berthoud, Émile Lecomte, A. Chazal, F. et H. Winterhalter, Alex. Couder, F. de Madrazo, J. Jacob, Eug. Ginain, Valton, Van Parys, Mme Empis, Lagardette, Paget, Lyon.

Toutes les expositions prouvent combien M. G. Saint-Èvre travaille avec conscience. *Jésus enfant discutant parmi les docteurs* est une composition sage et cependant animée. M. G. Saint-Èvre appartient à cette classe d'artistes qui pensent ne savoir rien, tant qu'il leur reste encore à étudier.

— Il serait injuste de ne pas mentionner le portrait d'homme de M. Eugène Cœdès. Ce peintre sera un portraitiste tout à fait distingué. Avertissons néanmoins M. Cœdès pour qu'il se garde d'un défaut, celui de marquer un peu durement les lignes des contours. Sa couleur est bonne.

— A M. Edmond Castan nous reprocherons, au contraire, un peu de mollesse dans le dessin de son portrait. Sa *Vue prise dans le département du Gers* a beaucoup de charme; elle se fait remarquer par la grandeur et la disposition des plans. Portraitiste et paysagiste, on peut dire que M. Castan a deux palettes.

— Quand nous dirions que M. Émile Wattier rappelle Watteau, nous ne ferions que répéter ce que tout le monde dit chaque jour. Ce n'est pas, au reste, le moindre éloge que nous puissions faire de ce peintre. Le *Soir* et la *Rêverie* sont deux gracieuses petites toiles, agréablement peintes, dont la composition est charmante.

Nous devons louer le *Portrait du roi*, peint à la cire par M. Dussauce. Ce genre de peinture n'est plus un essai, la réussite en est, cette fois, complète. Nous devrions nous étendre sur les œuvres de plusieurs peintres; mais l'espace nous manque. Citons le *Saint François d'Assise*, de M. Mouchy, tableau qui renferme des qualités de maître; — le *Bayard enfant*, de M. Vetter.

— La *Nature morte* de M. Charles Béranger ressemble à toutes celles que ce peintre a déjà exposées. Elles sont adroitement peintes sans doute, mais nous voudrions y trouver plus de qualités d'ensemble, celles des détails n'étant pas, dans une nature morte, les seules indispensables; voyez les toiles de Metzu et de Miéris.

— Les *Natures mortes* de M. Henri Berthoud sont exécutées avec talent; mais qu'elles sont loin encore d'avoir l'exactitude scrupuleuse que comporte ce genre de peinture!

— « Que Dieu veille sur toi, Marguerite, et qu'il jette sur son serviteur un regard de bonté! Dors, mon fils, sur le sein de ta mère, heureux d'ignorer les dangers que court ton père. » Tel est le sujet de *Der Abschied*, que M. Émile Lecomte a choisi dans la ballade de Wolfram d'Eschenbach. Ce tableau est traité sérieusement et gracieusement. M. E. Lecomte est parent de MM. Vernet et P. Delaroche; « le talent chez les Vernet, disait M. de Forbin, est un majorat, une sorte de substitution qui témoigne de la fidélité des mères, et fait pour eux, du fauteuil académique, un meuble de famille. »

— Parmi les peintres de fleurs à l'huile, M. Chazal revendique à bon droit une des premières places. Son *Groupe de fleurs et de fruits dans un vase orné d'un bas-relief* est tout à fait remarquable. M. Antoine Chazal copie très-bien la nature ; les reflets de ses *Fleurs et Fruits* sont d'une grande vérité. Un *Portrait*, du même peintre, a de la vigueur dans le coloris et dans le dessin ; l'expression de la figure est très-caractérisée, c'est de la bonne peinture. M. Chazal a terminé un tableau laissé inachevé par Mme Bruyère : le *Groupe de fleurs dans un vase d'albâtre oriental* a été admiré par tout le monde.

— Nous n'avons pas suivi d'ordre dans notre revue du Salon, nous ne terminerons pas par les peintres les moins célèbres. Voici M. Winterhalter, dont le *Portrait en pied de S. A. R. Mgr le duc de Nemours* est largement et habilement fait. M. Winterhalter est devenu le portraitiste de la famille royale ; sa dernière œuvre ne dément pas ses précédentes ; c'est toujours cette légèreté de pinceau, ce brillant de coloris, cette distinction, qui font reconnaître dès l'abord l'auteur du *Décaméron*. Le portrait de M. le duc de Nemours est un portrait hors ligne. — Les *Portraits d'enfants*, de M. Herman Winterhalter, ont de la grâce et de la fraîcheur, mais peu de style.

— *La Souris*, de M. Alexandre Couder, est une toile charmante en tous points. Comme détails, il est impossible de porter plus loin la science et l'habileté ; comme ensemble, *la Souris* plaît par la disposition des objets. Il n'y a peut-être pas au Salon de cette année un tableau meilleur que celui de M. Alexandre Couder, dans le genre que cet artiste a adopté.

— Une *Jeune Fille d'Albano* prenant de l'eau bénite en entrant à l'église, tel est le sujet du tableau exposé cette année par M. Frédéric de Madrazo. M. Frédéric de Madrazo occupe un rang honorable parmi les peintres de l'Espagne. Il réside d'ordinaire à Madrid, où il s'est occupé, pendant les dernières années, dit-on, de la restauration des tableaux de la galerie royale de la capitale de l'Espagne, si riche et si curieuse. Le tableau de la *Jeune Fille d'Albano* est étudié et peint sans prétention.

— Le *Conte* est une poétique composition qu'ont inspirée ces vers inédits :

> Non, sans douceur il n'était pas cet âge,
> L'âge fécond de nos simples aïeux
> . . . .
> Parfois, sortant du sein de l'eau, l'Ondine
> Enveloppait le pêcheur dans ses rets ;
> Puis elle allait conter aux jeunes filles
> De son captif les doux amusements ;
> Leurs cœurs, dès lors, ne restaient plus tranquilles,
> Non, sans douceur il n'était pas ce temps.

La *Satisfaction*, de M. J. Jacob, est une gracieuse toile, aussi bien que ses *Fruits*.

— Dans la *Marche sur Médéah*, de M. Eugène Ginain, nous trouvons un portrait du duc d'Orléans donnant des ordres au colonel de Lamoricière. C'est un glorieux

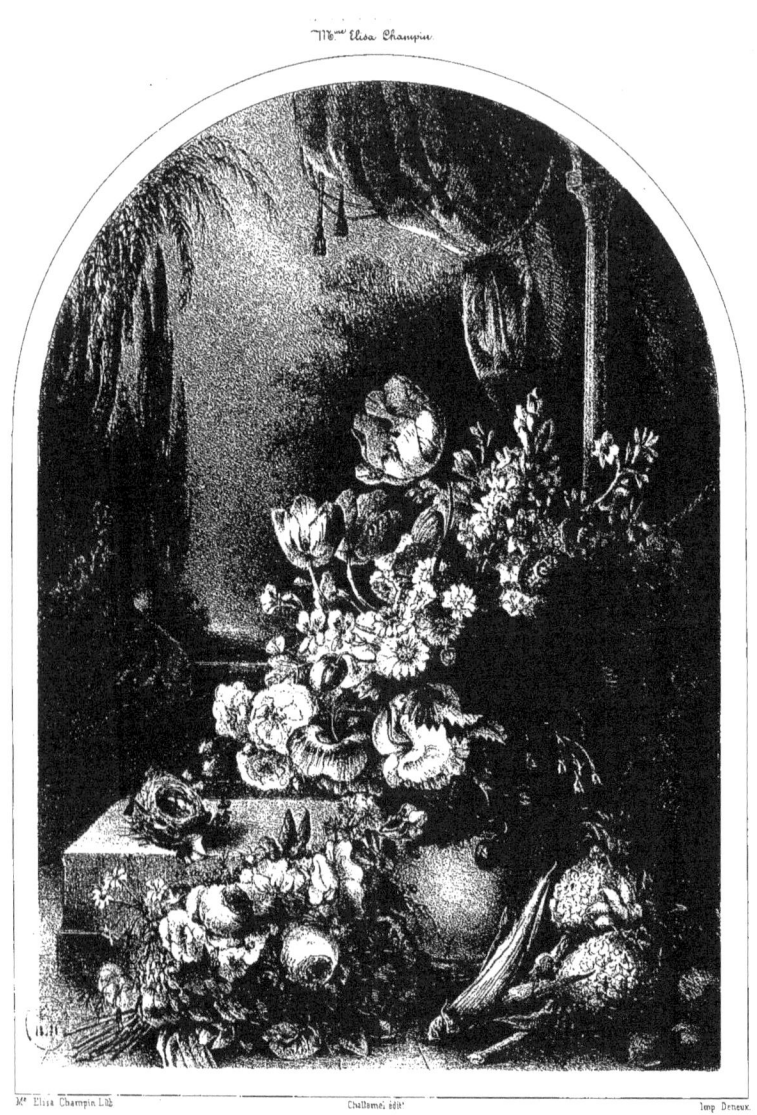

Vase de fleurs et Ananas.
(Aquarelle)

souvenir de cet excellent prince trop tôt enlevé à la France. — On regarde avec plaisir le tableau des *Cavaliers arabes acceptant du lait dans le désert.*

— Un tableau anecdotique, de M. H. Valton, a pour titre *Claude Gelée*, dit *le Lorrain*. Ce peintre, la gloire de l'école française, n'étant encore que broyeur de couleurs au service du Tasse, fut surpris par son maître copiant l'un de ses tableaux. M. H. Valton a voulu faire un tableau digne de l'anecdote qu'il traduisait sur la toile. La composition en est ordonnée avec goût, mais les détails sont négligés.

— Pour M. Van Parys, même observation. Un moine rencontra un jour un petit garçon âgé de douze ans, qui gardait les cochons; frappé de l'intelligence de cet enfant avec lequel il s'était entretenu, il le présenta au supérieur de son couvent, qui, également charmé de son esprit, le prit en affection et le fit élever. Cet enfant, cet ancien gardeur de cochons, devient plus tard Sixte-Quint. *L'Enfance de Sixte-Quint*, de M. Van Parys, plaît surtout à cause de la composition.

— Le *Paysage historique*, de Mme Empis, est un des meilleurs tableaux de cette artiste habile. « Marie de Médicis, retenue prisonnière à Compiègne, sous la garde du maréchal d'Estrées, se promenait souvent sur les étangs de la forêt, avec le père Suffren, son confesseur, et quelques personnes de sa maison. » Tel est le sujet de ce tableau, qui est bien choisi et est rendu avec goût et esprit.

— *Deux vues prises dans le Dauphiné*, par M. Lagardette, renferment des qualités de forme et de couleur, mais elles manquent d'air.

M. Paget a fait un bon tableau d'après un beau sujet. *Saint François Xavier baptisant et guérissant les malades indiens.* La couleur est la qualité principale de cette peinture. — Un *Portrait*, par M. Lyon, est fait dans le même genre, cependant avec plus de précision dans la forme.

L. Lobin, Renoux, L. de Kock, A. Lecaron, J. Villeneuve, Krumholz, Amédée Faure, Detouche, N. Moreau, S. Petit. A. Perrot, Émile Perrin.

Il y a de belles parties dans *Le Tasse chez les bergers*, de M. Léopold Lobin. Le Tasse, pour échapper à la colère d'Alphonse, prit les chemins les plus écartés pour se mettre à l'abri des poursuites, évita les lieux habités et s'égara dans les montagnes, se confiant à l'hospitalité des bergers, dont il emprunta même les haillons. Ce sujet, tout à fait poétique, a été traité par M. Léopold Lobin avec inexpérience, mais aussi avec une verve dont il faut lui tenir compte. Dans *Le Tasse chez les bergers*, la couleur est vraie, le dessin manque un peu de fermeté.

L'*Intérieur de la cathédrale d'Auch*, par M. Renoux, a tous les mérites que nous avons coutume de rencontrer dans ses tableaux. Les lignes architectoniques sont bien rendues, le caractère général du monument se comprend parfaitement; peut-être pourrait-il y avoir plus de lumière : les églises du midi sont généralement bien éclairées, et le soleil y pénètre de tous côtés. Le tableau de M. Renoux appartient à S. A. Mgr le duc de Montpensier, qui, dans son voyage à Pau, a été à même de voir si le peintre avait rendu avec exactitude l'*Intérieur de la cathédrale d'Auch*.

— *Un Gué*, — une *Mare sur la lisière d'une forêt* sont signés du nom de Louis de Kock. Ces deux tableaux plaisent, mais ne valent pas, à notre avis, ceux que l'auteur exposa dans les derniers salons. Il s'y trouve un vague qui nuit à leur effet.

— Pourquoi M. Achille Lecaron ne nous a-t-il pas donné de ces jolies compositions que nous regardions avec tant de plaisir? Les petites toiles de genre exécutées par lui avaient un cachet tout particulier qui en assurait le succès. Cette année, il a abordé la peinture religieuse, et, nous devons le dire, son essai n'a pas été heureux. *Saint Pierre guérit un boiteux* est composé et peint avec une certaine intelligence du sujet; les *Filles de Loth*, au contraire, ne nous saisissent par aucun côté.

— Parmi les bons tableaux religieux du Salon, mentionnons *le Christ au mont des Oliviers*, par M. Jules Villeneuve. Le peintre a parfaitement rendu ce verset de l'évangile saint Luc : « Mon père, si vous voulez, éloignez ce calice de moi ; néanmoins, que ce ne soit pas ma volonté qui se fasse, mais la vôtre. » Le *Portrait de M. le docteur Baudens*, chirurgien en chef du Val de Grâce, est très-beau, soit sous le rapport du dessin, soit sous le rapport de la couleur. Les *Portraits d'enfants* sont aussi charmants que leurs modèles. M. J. Villeneuve est toujours en progrès.

— *Le Dernier Sou du Savoyard*, par M. Ferdinand Krumholz, est peint avec sentiment, mais la forme est peu soutenue. L'artiste ne doit pas perdre de vue que les sujets les plus simples sont ceux qui doivent être exécutés avec le plus de soin.

— *Le Duc d'Orléans, lieutenant-général du royaume, et le duc de Chartres, à la tête du premier régiment de hussards, rentrent au Palais-Royal (4 août 1830).* Tel est le sujet du tableau de M. Amédée Faure. Ce tableau retrace un fait de notre histoire contemporaine; il a été commandé par la maison du roi. L'œuvre de M. Amédée Faure est recommandable ; au reste, il faut convenir que le sujet entre pour beaucoup dans son succès. Le portrait exposé par ce peintre est réussi.

— Colbert occupe un beau rang dans notre histoire nationale, et tout ce qui se rattache au premier ministre de Louis XIV nous intéresse. *Colbert à Dunkerque*, de M. Laurent Detouche, est un agréable tableau représentant le ministre, accompagné du marquis de Seignelay, son fils, présidant à l'achèvement des travaux du port de Dunkerque, travaux exécutés par l'illustre Vauban. Un autre tableau de M. Detouche, *le Dernier Vœu d'une mère*, est rempli de sentiment : à son heure dernière, la mère, mourante, recommande sa fille à celui qu'elle aime, et lui dit de la remplacer quand elle ne sera plus.

— L'*Intérieur de la poste aux chevaux de Paris*, par M. Nicolas Moreau, a des qualités essentielles, mais devient un peu prosaïque à force de vouloir être une copie de la nature. Il est bon de mettre de la vérité dans un tableau, mais il ne faut pas que cette vérité soit trop nue.

— *La Mort de Molière*, par M. Siméon Petit, est un sujet d'actualité, à l'heure qu'il est. Les honneurs rendus récemment au grand auteur comique donnaient de la valeur au tableau de M. Siméon Petit, dont le talent s'est montré en cette occasion. On sait que Molière mourut entre les bras de deux sœurs de charité, étouffé par le sang

SALON DE 1844.
Alexandre Cabanel

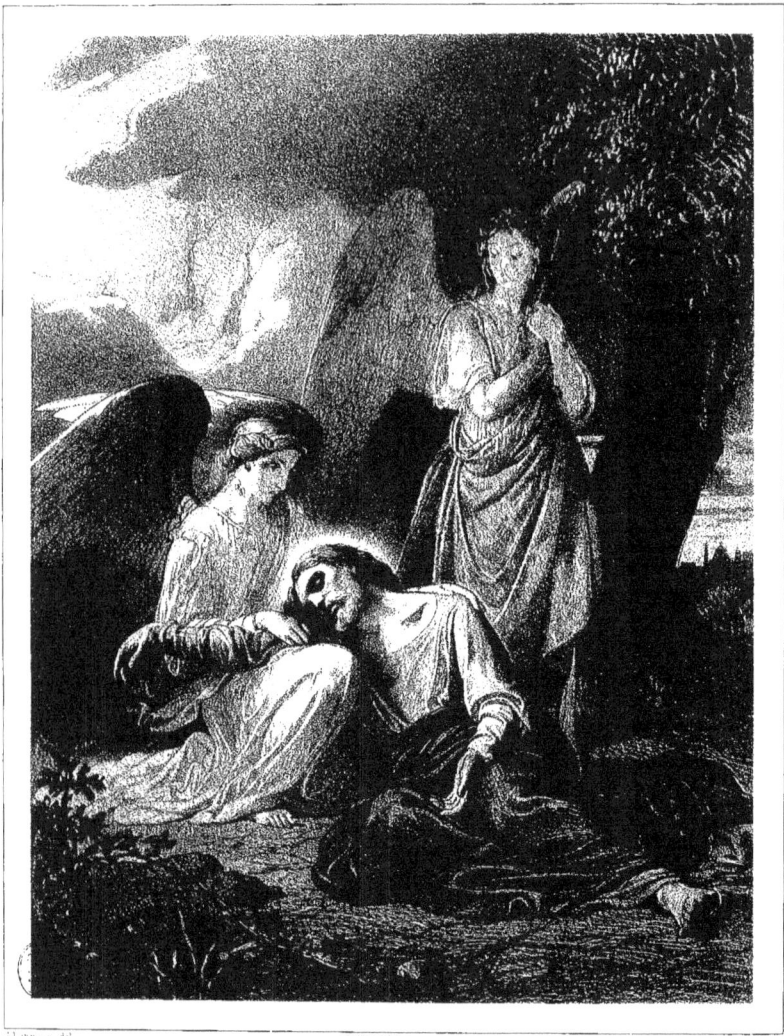

Jésus au jardin des Oliviers.

qui lui sortait par la bouche, le 17 février 1673, à l'âge de cinquante-trois ans. Le peintre a donné certainement assez d'expression à la figure de Molière, mais toutes les personnes qui l'assistent ne sont pas assez troublées et animées.

— M. Antoine Perrot a envoyé de Pise un tableau très-intéressant, c'est *le Campanile del duomo de Firenze*, clocher de l'église métropolitaine de Florence, dite *Sainte-Marie des Fleurs*. Rien de plus élégant que ce monument reproduit par M. Antoine Perrot, à qui nous ne reprocherons qu'un peu d'uniformité de tour. A côté du dôme si somptueux de Sainte-Marie des Fleurs, dit Vasari, ce campanile paraît encore si élégant et si beau, que Charles-Quint voulait qu'on le couvrît comme un joyau, pour ne le montrer qu'aux plus grands jours de fête. »

— *Le Malfilâtre mourant*, de M. Émile Perrin, a le tort de ne pas intéresser. Est-ce plus un poëte qu'un autre homme, celui dont M. Émile Perrin nous a dessiné les traits? Vraiment nous l'ignorons. Nous nous rappelons seulement le beau vers de Gilbert : La faim mit au tombeau Malfilâtre ignoré.

MINIATURES. AQUARELLES. PASTELS.

Mme Pauline Appert, L. Bertrand, Bilfeldt, E. Bouchardy, Mlle A. Chéreau, Gaye, Mme J. Herbelin, M. Hertrich, Mme de Mirbel, Passot, P. de Pommayrac, Tournant, Thévenet.

Le nombre des miniaturistes est considérable comme à l'ordinaire; et, quelle que soit notre bonne volonté, il nous est impossible d'entrer dans de grands détails sur ce gracieux et difficile genre de peinture qui préoccupe beaucoup de personnes.

— Mme Pauline Appert a exposé un *Portrait de Femme*, grande miniature, et deux autres portraits qui sont agréablement peints.

— Les six portraits de M. Léon Bertrand ne pèchent que par le manque de finesse, mais les figures ont de l'animation.

— M. Bilfeldt, qui a exposé un assez remarquable tableau à l'huile, *Paysanne de la Basse-Bretagne faisant la contrebande du sel*, est aussi un miniaturiste distingué. Trois portraits de lui sont charmants.

— Huit miniatures de M. Étienne Bouchardy nous plairaient si les figures avaient plus d'expression ; la touche en est d'une délicatesse extrême.

— Des cinq miniatures de Mlle Antonine Chéreau, celle que nous préférons est sans contredit le portrait de *Mme de Maintenon*, *d'après Petitot*, où l'on retrouve la plupart des qualités qui font le mérite du tableau original.

— Les portraits de MM. de Laborde, Frédéric Soulié, Balfe, Marcotte et Levasseur, par M. Gaye, ressemblent beaucoup aux modèles; celui de Franklin, d'après Greuze, est habilement peint.

— Mme Jules Herbelin a fait preuve de talent dans les six miniatures qu'elle a exposées, surtout dans celle qui retrace le *Portrait d'une jeune paysanne*.

— M. Michel Hertrich est bon miniaturiste; ce que nous préférons dans ses quatre ouvrages, c'est la *Tête de jeune fille*, et le *Portrait de M. Ch. G...*

— Distinguons, par Mme de Mirbel, les *Portraits de Mme Guizot, de Mme Martin. du Nord, et de M. Le Normand ;* on y reconnaît toute l'habileté éprouvée de l'artiste.
— Les *Portraits de MM. Ol. et On. de las Marismas*, par M. Passot, sont travaillés avec soin, pleins de caractère, et fort ressemblants. — Mentionnons aussi les miniatures de M. Paul de Pommayrac, de M. Alcime Tournant, et de M. Thévenet, qui a exposé plusieurs bons portraits, entre autres celui de M. Thénot, artiste peintre.

J. J. CHAMPIN, HÉROULT, C. ROGIER, G. BEVALET, I. BOURGEOIS, Mme ÉLISA CHAMPIN, V. COURDOUAN, FOUSSEREAU, MICHEL GUÉ, F. HORNER, D'ORSCHWILLER, SUTER, Mme CL. THIERRY.

M. Champin a exposé deux belles aquarelles, d'un très-beau travail. Le *Château* est une étude de la nature embellie de tout ce que l'imagination peut rêver de plus agréable en fait de séjour. Le *Parc* ressemble à un paradis terrestre. M. Champin, comme on voit, sait composer des paysages. Sous le rapport de l'exécution, ses deux aquarelles méritent aussi l'approbation des connaisseurs.

— Nous pouvons louer sans réserve la grande aquarelle de M. Héroult : *Le lougre L'Automne, recevant un coup de mer par la hanche de bas-bord.* Cette aquarelle, d'un dessin bien mouvementé, est d'un bel effet et d'une agréable couleur.

— M. Camille Rogier a rapporté de son voyage d'Orient des *Scènes et costumes turcs* d'une belle couleur, mais d'un dessin bien lâché.— Une *Perdrix rouge*, nature morte, par M. Germain Bevalet, est parfaitement dessinée et peinte.

— L'exposition de M. Isidore Bourgeois ne comprend pas moins de huit aquarelles d'une dimension peu commune. Citons parmi les plus remarquables, la *Vue de l'Église d'Argentan* (Orne), et la *Porte latérale de l'Église de Falaise*.

— *Vase de fleurs et ananas*, tel est le titre de l'aquarelle exposée par Mme Élisa Champin. Nous n'hésitons pas à dire que ce travail est, dans ce genre, une des plus belles productions de cette année. Mme Élisa Champin dispose admirablement bien ses fleurs, et donne une grande harmonie à ses tableaux. *Vase de fleurs et ananas* sont au reste le plus important des ouvrages faits jusqu'à ce jour par Mme Élisa Champin. — Ce tableau appartient à Mme veuve Ravinet, née Mozard.

— M. Vincent Courdouan a exposé la *Vue prise dans les fouilles de Pomponiana*, entre *Hyères et Carqueiranne*, aquarelle remarquable par la vigueur des tons.

— Il ne manque aux *Chevaux* de M. Foussereau qu'un peu moins de dureté dans le dessin. Rien de plus joli que son *Trompette du 4me régiment de hussards, sonnant le ralliement des tirailleurs*.

— Les trois paysages de feu Michel Gué, parmi lesquels on remarque principalement la *Vue de Plockingen*, valent les plus charmantes œuvres de cet artiste qui a tant de droits à nos regrets.

— De l'Italie, M. Frédéric Horner a rapporté trois superbes aquarelles. Une quatrième représente la *Vue des anciens murs de Constantinople*.

— *Intérieur, Un Pâturage*, par d'Orschwiller, maintiennent sa réputation. Ces aquarelles sont très-pittoresquement rendues.

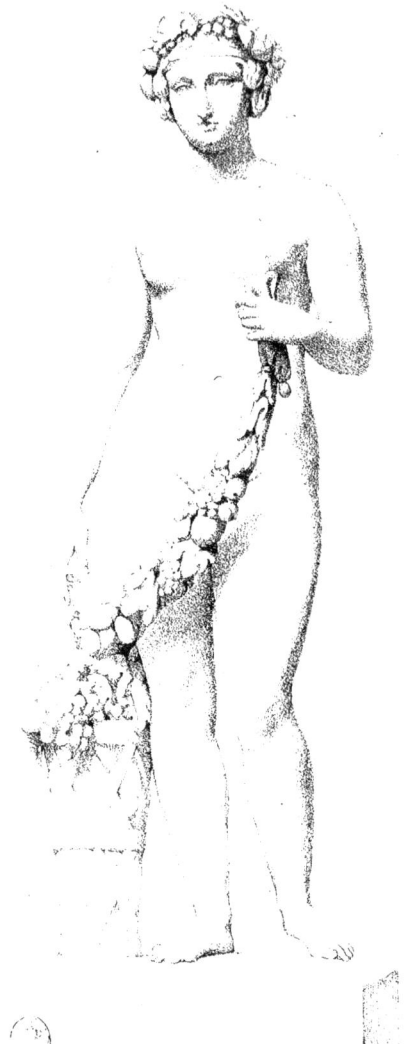

POMONE

— Le *Portrait de Mlle Margaita Blatter*, par M. Suter, de Lausanne, est tout à fait charmant. M. Suter a quelque raison de comparer Mlle Margaita, pour sa beauté, à la Marguerite de Gœthe. — Mme Clémentine Thierry a exposé de très-belles fleurs. Elles sont belles par le dessin plus encore que par la couleur.

EUGÈNE GIRAUD, VINCENT COURDOUAN, EUGÈNE TOURNEUX, LÉON VIDAL, D'ARTIGUENAVE, AUGUSTE GLAIZE, PAUL MERCURJ, DESJARDINS, WACQUEZ.

Trois portraits au pastel, de M. Eugène Giraud, ont un charme tout particulier, et augmentent encore la réputation de ce peintre.

— Les pastels de M. Courdouan sont encore plus magnifiques que son aquarelle ; dans son *Corsaire poursuivi par un navire de guerre par un gros temps*, tout est remarquable, les vagues, les accessoires de marine et l'effet du soleil couchant.

— M. Eugène Tourneux a exposé, outre sa *Bohémienne*, qui a obtenu un grand succès, les *Rois mages*, une *Étude de femme* d'un fort beau caractère, et un beau portrait.

— Certainement M. V. Vidal marche un des premiers parmi nos dessinateurs, surtout à cause de la grâce, du charme et de la poésie qu'on remarque dans ses ouvrages. Il est certain que *Frasquita*, *Needjmé* et *Noëmi* sont de délicieuses petites créations dont les beautés ne laissent personne froid ou insensible. *Petit Tony* est un enfant ravissant, un de ces jolis enfants gâtés qui font l'orgueil de leur mère. Le *Portrait de M. Mélesville* a du naturel et une ressemblance exquise.

— Mme Doche a ses traits parfaitement bien reproduits par M. Dartiguenave, qui a réussi aussi dans les *Portraits de Mlles Emma et Hélène Stœpel*.

— *Suzanne surprise dans le bain*, par M. Auguste Glaize, a de la valeur de ton.

— Mentionnons trois dessins remarquables : la *Vierge d'Orléans*, d'après Raphaël, par M. Paul Mercuri ; — le *Portrait de Velasquez*, peint par lui-même et dessiné par M. Desjardins ; — la *Courtisane*, d'après Sigalon, par M. Wacquez.

SCULPTURE.

E. GATTEAUX, OTTIN, A. HUSSON, JOUFFROY, KLAGMANN, MAINDRON, BARTOLINI, JALEY, ED. SUC, RAMUS, J. PETIT, MÈNE, GBASS, G. GEEFS, GAYRARD, DUMONT, LEGENDRE-HERAL, GECHTER, FOYATIER, J. FEUCHÈRES, ETEX, DANTAN AÎNÉ, DANTAN JEUNE, R. BREYSSE, BONNASSIEUX, BOSIO, CHAMBARD, L. ROUILLARD, ETC., ETC.

L'exposition de M. E. Gatteaux est sévère et gracieuse à la fois. Dans sa *Pomone*, le statuaire a évidemment voulu rendre la puissance et la fécondité. La vérité dans la forme, l'étude et le précieux du travail, sont les qualités qui font de cette statue une œuvre sérieuse. M. Gatteaux a exposé aussi deux beaux bustes : *Michel-Ange* et *Sédaine*. — Le style large des belles statues du *chevalier d'Assas* et du *lieutenant de marine Bisson*, n'a pas perdu à être reproduit en statuette.

Dans son *Ecce Homo*, statue en marbre, M. Ottin s'est attaché à rendre la simplicité antique pour la forme, et à reproduire le sentiment chrétien, la pensée profonde du catholicisme. Cette statue est une des meilleures de l'exposition.

— Le *Christ* de M. Husson est bien posé et rend bien aussi l'action qu'il doit rendre. Les muscles du Christ n'ont que peu de saillie, parce que celui dont les bourreaux se moquaient en disant, « Salut au roi des Juifs, » demeurait impassible au milieu des outrages. La figure a de la dignité ; les accessoires sont bien rendus.

— M. Jouffroy a terminé un *Baptistère pour Saint-Germain-l'Auxerrois* (invocation à la croix). Ce groupe en marbre, d'une exécution très-remarquable, est fait sur une composition de Mme de Lamartine. Ce *Baptistère* a été commandé par le ministère de l'intérieur.

— Il faut regarder avec attention l'exposition de M. Jules Klagmann : c'est un *Cadre de médaillons* contenant deux modèles de médailles et quatre cavaliers provenant d'un vase exécuté pour S. A. R. Monseigneur le duc d'Orléans. M. Jules Klagmann est un de ces artistes de goût et de talent qui savent mettre de l'art dans les moindres choses, et qui allient l'industrie et l'art en les complétant l'un par l'autre. Tout le monde a admiré à l'Exposition de l'industrie, et nous avons publié, dans notre ouvrage sur cette exposition, le magnifique service de dessert commandé par S. A. R. Monseigneur le duc d'Orléans, exécuté en bronze par Denière, et des pièces d'orfévrerie de Morel, exécutées sur les dessins de Klagmann.

— On lit dans les *Martyrs* : « Cette femme (Velléda) était extraordinaire. Elle avait, ainsi que toutes les Gauloises, quelque chose de capricieux et d'attirant. Son regard était prompt, sa bouche un peu dédaigneuse et son sourire singulièrement doux et spirituel. Ses manières étaient tantôt hautaines, tantôt voluptueuses; il y avait dans toute sa personne de l'abandon et de la dignité, de l'innocence et de l'art... La dernière fois, elle resta longtemps appuyée contre un arbre à regarder les murs de la forteresse. » M. Maindron a scrupuleusement exécuté avec le marbre, et avec beaucoup de talent, l'admirable portrait tracé par M. de Chateaubriand.

— Le seul ouvrage que M. Bartolini, de Florence, nous ait envoyé cette année, est un portrait. Il est digne de la réputation acquise par ce sculpteur italien, surtout à cause de l'élégante simplicité avec laquelle il est taillé.

— La *statue de S. A. R. Monseigneur le duc d'Orléans*, par M. Jaley, est remarquable. Cependant plus de vigueur dans la forme serait nécessaire.

— La *Mélancolie*, de M. Édouard Suc a, au contraire, toutes les qualités de forme qui recommandent une œuvre de sculpture.

— M. Ramus mérite une mention particulière. Sa *Statue de M. Portalis*, destinée à la décoration du palais de la Chambre des Pairs, est fort belle. Nous aimons moins les *Arts* et la *Bienfaisance*, qui manquent un peu d'expression.

— *L'Ange gardien* et les *Médaillons* de M. Jean Petit révèlent chez cet artiste un véritable talent; la forme est la principale qualité de M. Jean Petit.

— Les animaux de M. Jules Mène sont charmants. La *Chasse au cerf*, principalement, est d'une exécution heureuse. Rien de plus gracieux que sa *Biche Axis*.

SALON DE 1844
(Jouffroy)

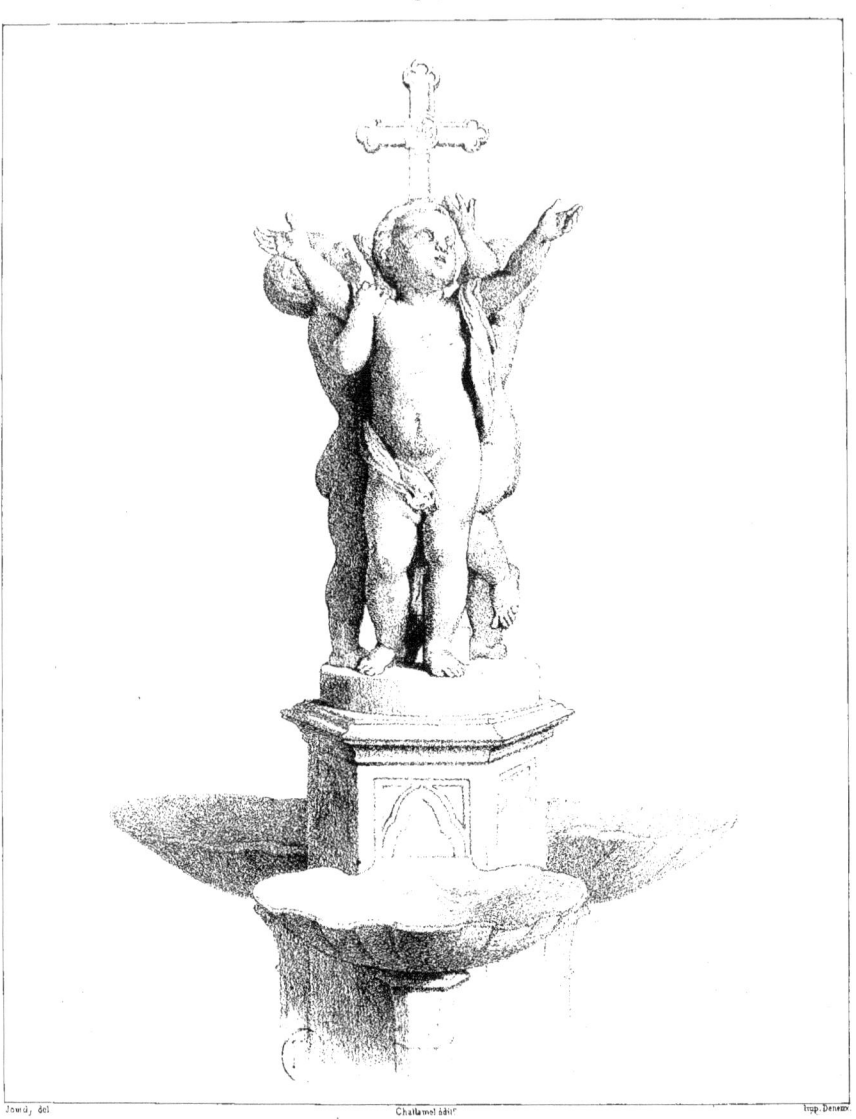

Baptistère pour Saint-Germain l'Auxerrois.
Groupe en marbre exécuté par Jouffroy, d'après une composition de M.™ de Lamartine.

— Un jeune sculpteur, M. Grass, a trouvé dans les *Derniers Bretons* de M. Emile Souvestre le sujet d'une délicieuse statue en marbre, pleine de sentiment et d'expression, et qu'il nomme *Petite paysanne bretonne*. Nous pouvons dire que c'est une statue intéressante sous tous les rapports.

— La *Geneviève de Brabant* de M. Guillaume Geefs est pleine de charmes; la pose de *Geneviève de Brabant* est d'un naturel parfait, et toutes les chairs vivent et semblent avoir du mouvement. Le *Buste de S. M. le roi des Belges* est fort bien exécuté; le *buste de S. M. la reine des Belges* est d'une ressemblance charmante.

— Louons M. Gayrard pour sa statue de *l'Évêque d'Hermopolis*; mais blâmons-le pour son bas-relief d'*Henri IV combattant à Arques*. Le livret nous apprend qu'il sera sculpté en pierre et placé sur une des portes des ruines du château d'Arques.

— Nous devons des félicitations à M. Dumont pour sa charmante *Étude de jeune femme*. Cette statue en marbre, remplie de grâce et d'élégance, est rendue avec un soin et un fini précieux.

— *L'Éveil de l'âme*, statue en marbre par M. Legendre-Héral, est à la hauteur de la réputation de ce statuaire.

— La *Madeleine méditant sur les saintes Écritures*, par M. Gechter, est une belle statue. On y trouve un modelé parfait et une grande recherche de la forme.

— M. Foyatier a été peu inspiré pour faire la *Statue d'Étienne Pasquier*, qui, avocat-général de la cour des comptes sous Henri III, avait une figure pleine de bonhomie, de noblesse et de caractère à la fois. Il est difficile de retrouver tout cela dans la statue de M. Foyatier.

— Pour son *Bossuet*, M. Jean Feuchère mérite presque les mêmes reproches que M. Foyatier. Cependant Bossuet ressemble aux portraits qui nous sont restés de lui. M. Feuchère prend sa revanche avec l'*Épisode de l'enlèvement des Sabines*, groupe en bronze, dont les principales parties sont traitées avec talent.

— Les *Bustes de Monseigneur le duc d'Orléans* et de M. *Odilon Barrot* son taillés avec l'énergie qui caractérise le talent de M. Étex; ceux de Mme *Ad. B...* et de *M. Sapey* nous plaisent moins.

— Les travaux de M. Dantan aîné accusent toujours une grande habileté. *Louis de France*, dauphin, fils de Louis XVI, est terminé pour une statue en plâtre; le *Buste de Marie-Josèphe de Saxe*, dauphine de France, a moins d'animation.

— M. Dantan jeune doit être félicité pour sa *Statue d'Adélaïde Kemble*, représenté avec le costume de Norma, un de ses plus magnifiques rôles. La figure a beaucoup d'expression. Le *Buste de M. Thalberg* est originalement sculpté. Le *Buste de M. Bentik* possède des qualités de premier ordre.

— *L'Ange Gabriel*, de M. Régis Breysse, est remarquable. Les chairs ont du modelé, mais le corps, dans son entier, manque de souplesse et de vérité.

— Nous devons des éloges à M. Bonnassieux pour son *David*, statue remarquable par l'énergie de la figure et par le naturel de la pose. Le *Buste de Mme la comtesse de C...* est remarquable, et la *Tête d'étude* a des beautés incontestables.

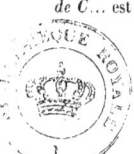

— *L'Histoire et les Arts consacrant les gloires de la France*, groupe en marbre taillé par M. Bosio pour la maison du roi, a certainement du mérite.

— Quoique l'*Oreste poursuivi par les Furies* accuse un talent sérieux chez M. Chambard, nous trouvons cependant que les formes sont lourdes dans cette statue en marbre. Oreste ressemble beaucoup à Hercule.

— Trois *Études en plâtre*, de M. Louis Rouillard, sont de tous points charmantes. Le *Dromadaire couché* a beaucoup de naturel, et le *Chien de Terre-neuve* est posé avec une grande habileté.

— Citons de beaux bustes : *Crillon*, par J. Brian; *M. de Lamartine*, par L. Brian; *M. Paul Delaroche*, par Mme Dubufe; *M. Scribe*, de l'Académie française, *Mme la comtesse de Valdahon*, par M. Chlesinger; *Colbert*, par Debay; *Cuvier*, par Huguenin; *Buffon*, le docteur *Émile Lestrelin*, par Camagni; les *cadres de médaillons*, de M. Borrel. Regrettons que l'espace nous manque pour nous occuper de tous les autres sculpteurs.

ARCHITECTURE.

M. Badenier a exposé un plan et deux vues perspectives sur la *réunion du Louvre aux Tuileries*. — M. Berthelin, deux dessins sur le *projet d'une fontaine* à élever place Bellechasse. — Trois dessins de M. Dupuy sont relatifs à un *Projet d'hôpital* pour sept cents malades. — M. Garnaud expose une étude pour un *Projet de cathédrale*. — M. Eugène Lacroix a construit un *Projet de mairie* pour le onzième arrondissement de Paris. Cet édifice s'élèverait en face de l'église Saint-Sulpice. — M. Magne a eu l'heureuse idée d'élever, en projet, un *Palais monumental de l'industrie et des beaux-arts*, destiné à renfermer les expositions artistiques et industrielles. Cet artiste a fait aussi le *Projet d'un hôpital de convalescents* à ériger à Passy, d'après le programme proposé par M. le docteur Magne. — M. Victor Baltard a rapporté d'Italie de belles et sérieuses études d'après les admirables *Encadrements des loges de Raphaël* au Vatican. — Sept dessins de M. Clerget présentent le *Projet de la restauration du temple de Diane Leucophryné*, à Magnésie. — M. Delbrouck a rétabli le plan de l'ancienne porte qui se reliait, au moyen de tours carrées, aux murailles d'Augustodunum, aujourd'hui Autun. — M. Denuelle est un artiste de conscience et de talent; on lui doit de belles études historiques sur l'art décoratif en Italie.

L'art plastique, au moyen âge, est représenté par M. Boeswilwald, qui a reproduit la *Porte Sainte Anne* avec ses bas-reliefs, et l'*Église de Notre-Dame* de Paris, et par M. Ruprich, qui a dessiné l'*Église des Templiers* de Montsaunès, arrondissement de Saint-Gaudens, curieuse pour son architecture et ses bas-reliefs mystiques. Ce monument date de la deuxième moitié du douzième siècle. — M. Joret a étudié l'art antique en France dans le dessin d'un monument romain et les détails de l'arc-de-triomphe d'Orange.

GRAVURE ET LITHOGRAPHIE.

Achille Martinet, Aubert père, Lorichon, Aristide Louis, Paul Mercuri, Victor

SALON DE 1844

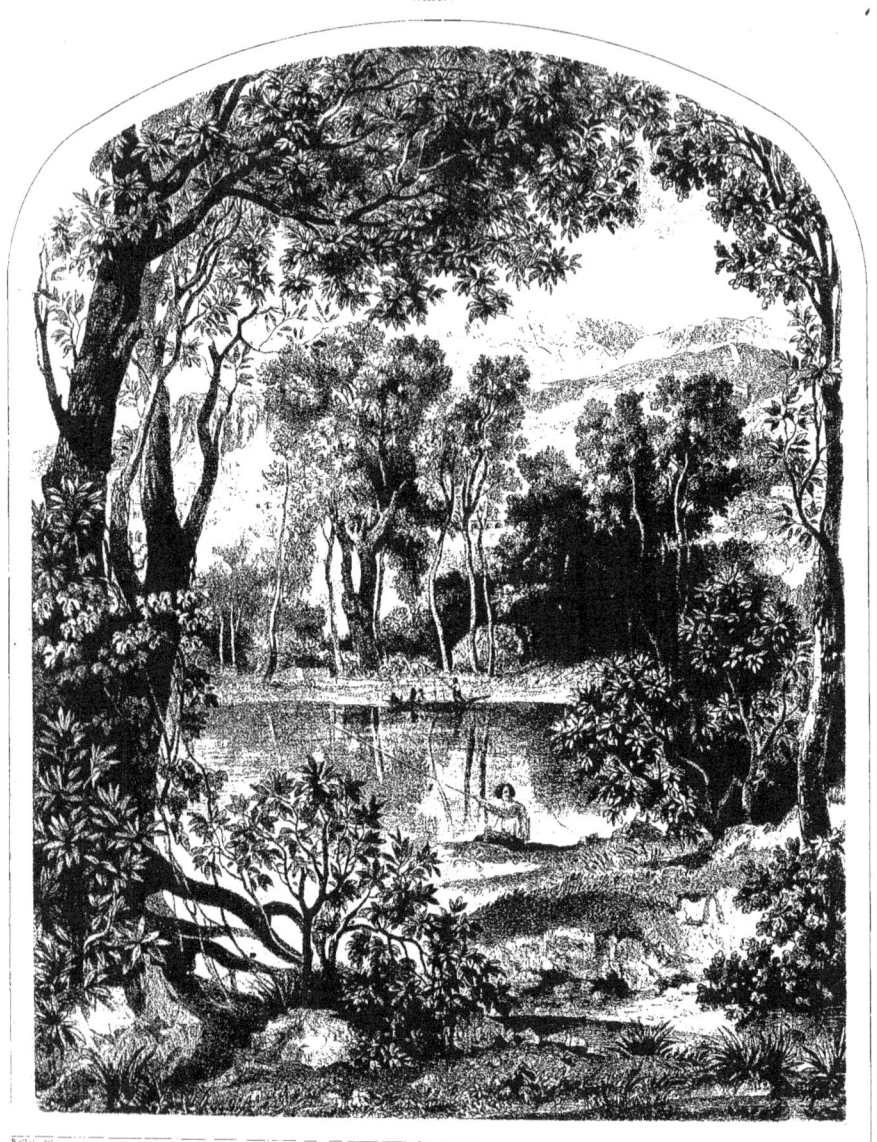

Vue prise en Auvergne

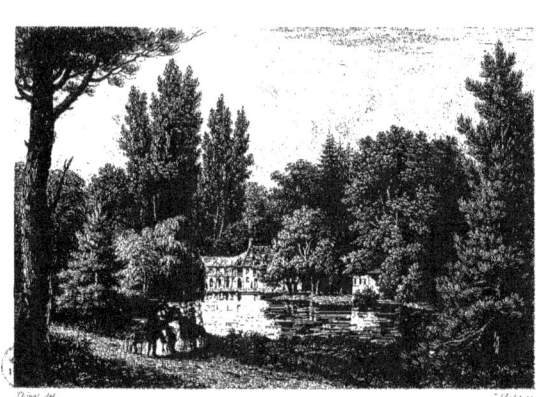

Normand, Tavernier, Dien, Jazet, Sixdeniers, Alphonse Martinet, Chollet, Rollet, Alexandre Manceau, Léon Noel, Grevedon, Benoist, Lemoine.

La *Vierge au palmier*, d'après Raphaël, par M. Achille Martinet, obtient et mérite les honneurs de l'exposition de gravure. L'auteur a déployé dans cette belle planche toutes les ressources de son art; il s'est attaché à rendre la naïveté et la grâce des formes que l'on admire dans la *Vierge au palmier*, peinte un peu dans le style du Pérugin. M. Achille Martinet travaille avec constance, car il y a un an à peine que sa gravure de *Charles I* a paru. — M. Aubert père a gravé avec talent deux *Paysages* d'après Salvator Rosa et Ruysdaël, et une *Marine* d'après Joseph Vernet.—Il faut le lui dire, M. Lorichon n'a réussi qu'à moitié dans la *Bénédiction*, d'après Raphaël; on ne retrouve pas dans sa gravure toutes les qualités qui distinguent le divin maître ! — *Mignon regrettant sa patrie* et *Mignon aspirant au ciel*, de M. Aristide Louis, pèchent par le dessin et un peu aussi par la taille. — M. Paul Mercuri a exposé deux beaux portraits, celui de *Christophe Colomb* et celui du *Tasse*. — Nous aimons le *Portrait de Michel-Ange*, par M. Victor Normand; le graveur l'a rendu avec science et énergie. — *Saint Gilles devant le pape*, le délicieux tableau de Murillo, a été habilement reproduit par M. Tavernier. — *Sainte Philomène* et le *Portrait de M. Th. Burette*, d'après M. Guignet aîné, font honneur à M. Dien. — M. Jazet a gravé à la manière noire le *Jour de Pâques à Saint-Pierre de Rome*, d'après M. Horace Vernet, et les *Derniers moments de la reine Élisabeth d'Angleterre*, d'après M. Paul Delaroche.— M. Sixdeniers ne perd pas de son habileté : *l'Arabe en prière* et le *Poste au désert*, d'après M. Horace Vernet, ont de l'aspect. — *La jeune fille avec un chien*, d'après M. Winterhalter, est gravée d'une façon ravissante ; cette planche ressemble à une gravure anglaise, plus le dessin. — M. Chollet a gravé, avec beaucoup de talent, une jolie vue du *Village suisse à Trianon*. Cette gravure fait partie d'une charmante collection de vue des jardins célèbres, qui font le plus grand honneur à M. Thénot, qui en a fait les dessins. Cette collection illustre une belle édition du poëme *des Jardins*, par Delille. — M. Rollet n'a pas complètement réussi dans les *Adieux de Napoléon à son fils*, et dans *Faust et Marguerite*. — Au contraire, l'*Agar dans le désert*, par M. Alexandre Manceau, atteste de grands progrès chez cet artiste.

Quatre portraits lithographiés par M. Léon Noël sont dignes de la grande réputation qu'il s'est justement acquise. — Les deux portraits exposés par M. Grévedon nous plaisent moins. — M. Benoist est toujours le dessinateur de monuments le plus intelligent et le plus adroit. Les lithographies qu'il a exposées sont fort belles. — Citons le *Tintoret et sa fille*, de M. Auguste Lemoine, excellente lithographie que nos abonnés ont reçue dans l'*Album de* 1843.

Ici se termine notre revue du Salon ; nous avons sans doute omis involontairement bien des noms, entr'autres ceux de MM. Bellel et Cabanel, artistes de beaucoup de talent, et dont nous donnons les dessins. Mais le public et les artistes nous pardonneront : quelque consciencieux qu'on puisse être, il est impossible de n'oublier personne quand le Salon renferme les œuvres de deux mille quatre cent vingt-trois exposants.

CLASSIFICATION

DES

DESSINS DE L'ALBUM DU SALON DE 1844.

	Peint par MM.	Dessiné par MM.	Pag.
L'Amour de l'or.	Couture.	H. Baron.	1
Arabes-Syriens en voyage.	Marilhat.	Th. Frère.	3
Geneviève et André.	Tony Johannot.	Laurens.	5
Grande mosquée d'Alger.	Dauzats.	Dauzats.	7
La Messe pendant la Moisson.	Odier.	H. Baron.	9
Vue prise aux environs de Paris.	Français.	Français.	11
Giorgione Barbarelli.	H. Baron.	Challamel.	13
Esther.	Léon Benouville.	Célestin Deshays.	15
L'Archange saint Michel.	Ach. Devéria.	Ach. Devéria.	17
Notre-Dame-de-Pitié.	L. Boulanger.	L. Boulanger.	19
Salvator Rosa chez les Brigands.	Adrien Guignet.	Marville.	21
Vue de Honfleur.	Mozin.	Mozin.	22
Le dernier Regret.	Alophe.	Alophe.	23
Betzabée.	Ed. Dubufe.	Aug. Lemoine.	25
Saint Martin de Tours.	Guerman-Bohn.	Aug. Lemoine.	27
La Rosée répand ses perles sur les fleurs.	Ziégler.	Challamel.	29
Les rives de l'Albarine.	Hostein.	Hostein.	31
Vue du château de Neuilly.	Sébron.	Célestin Deshays.	33
Environs de Dunkerque (Flandre).	Flers.	Marvy.	35
Le Dante commenté en place publique.	Gendron.	Cornuel.	37
Les Laboureurs.	Gaspard Lacroix.	Par lui-même.	39
L'Enfance de Callot.	A. Debacq.	Par lui-même.	41
Environs de Vaucluse.	Laurens.	Par lui-même.	43
Ratisbonne.	Mathieu.	Par lui-même.	45
Intérieur de Forêt.	Michel Bouquet.	Par lui-même.	47
Saint François-Xavier guérissant des Indiens.	Paget.	Bouvier.	49
Fleurs et Ananas.	Mme Champin.	Mme Champin.	51
Jésus au Jardin des Oliviers.	Cabanel.	Laurens.	53
Pomone.	Ed. Gatteaux.	Cornuel.	55
Baptistère.	Jouffroy.	Jourdy.	57
Vue prise en Auvergne.	Bellel.	Bellel.	58
Le petit Trianon.	Thénot.	Chollet.	59

www.ingramcontent.com/pod-product-compliance
Lightning Source LLC
Chambersburg PA
CBHW070253230526
45470CB00002B/586